全球最美的地方·走遍日本
精华特辑

《国家地理系列》编委会 编

图说天下

依依不舍地回眸张望

恣意的樱花飘零一地

富士山圣洁的怀抱

让你我的情感不再流浪

一步步地走近

一点点地沉陷

梦里不知身是客

只有一晌贪欢的浪漫迷离

吉林出版集团有限责任公司

全球最美的地方精华特辑

走遍日本

图书在版编目（CIP）数据

全球最美的地方精华特辑. 走遍日本／《图说天下. 国家地理系列》编委会编. —长春：吉林出版集团有限责任公司，2009

（图说天下. 国家地理系列）

ISBN 978-7-5463-1407-5

Ⅰ. ①全… Ⅱ. ①图… Ⅲ. ①日本－概况 Ⅳ. ①K91

中国版本图书馆 CIP 数据核字（2009）第 231813 号

出　　版：吉林出版集团有限责任公司（www.jlpg.cn）
　　　　　（长春市人民大街4646号，邮政编码 130021）
发　　行：吉林出版集团译文图书经营有限公司
　　　　　（http://shop34896900.taobao.com）
制　　作：飞阅图书（www.rzbook.com）
印　　刷：廊坊市兰新雅彩印有限公司
开　　本：787×1092mm　1/16
印　　张：14
字　　数：180千字
版　　次：2010年1月第1版
印　　次：2010年1月第1次印刷
定　　价：19.80元

　　日本，茫茫沧海中的一个小岛，与中国是一衣带水的近邻，与中国的传统文化有着密不可分的关系。自唐朝以来便派来遣唐使，积极促进双方的文化交流。因此在日本的文化发展过程中，从汉字的使用到佛教的盛行，可以找到很多与华夏文明相似的痕迹，为今日日本的文化发展打下了坚实的基础。

　　日本人对待工作严谨务实，勤恳敬业，整个民族具有高度的团结心和凝聚力，正是这种精神支撑他们取得了今日在经济和科技上的巨大成就。在日常生活中，日本人有着极风雅的生活情趣，他们将自己热爱的生活习惯，如插花、品茶，上升到文化高度，谓之为道，成为修身养性的一种生活方式。日本料理在世界各地的风靡程度越来越高；日本动漫的成就在全世界首屈一指；日本的樱花与和服都成为最具特色的民族代表，带着神秘、古老、灿烂又不失清雅的美丽，为世人所熟知。

　　漫步于今日的日本街头，既可以看到东京这极为繁华的国际化大都市，又可以领略古都京都遍地寺庙禅院的风采。白川乡的古朴，原宿的鲜活，也都吸引着外国游客的脚步，在传统与现代、沉静与活力之间游走，恍然如穿行了几个世纪。

　　本书涉及日本的政治、经济、历史、地理、人文、民俗等各个方面，选取的都是日本文化中最具代表性的地点或事件，力图使读者跟随文字神游这个海中小岛，对这个国家的文化有更为深刻的了解和认识。

　　你是否已经对传说中的"海外仙山"有了迫切的好奇与向往？现在，就让我们翻开书页，在墨香中一同来开启这次轻松、隽永的日本之旅吧。

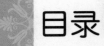

C O N T E N T S

目录　全球最美的地方精华特辑 走遍日本 ●●●●

俯瞰日本

固守海角之一隅

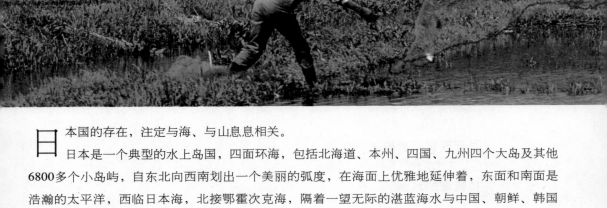

日本国的存在，注定与海、与山息息相关。

日本是一个典型的水上岛国，四面环海，包括北海道、本州、四国、九州四个大岛及其他 6800多个小岛屿，自东北向西南划出一个美丽的弧度，在海面上优雅地延伸着，东面和南面是 浩瀚的太平洋，西临日本海，北接鄂霍次克海，隔着一望无际的湛蓝海水与中国、朝鲜、韩国 等国家遥遥相望。

温柔的太平洋赐予了日本几大富饶的海港，日本的海岸线极为复杂，西部多悬崖峭壁，东部 太平洋一侧多入海口，分布着许多天然的优良港湾。

横滨、大阪、神户、长崎、横须贺……如一串散落的明珠，沿着太平洋一侧海岸线星罗棋

布，海水徐徐流淌，码头上的船只来来往往，开创了日本航运经济红红火火的一番新局面。

丰富的海产品是海洋给予日本的另外一大恩赏，处在海水暖流和寒流的交汇处，日本的海洋鱼类产品多种多样，在沿海城市中，当天边刚刚显出第一缕曙光的时候，海产品早市已经热热闹闹地开场了，鱼、虾、贝类，应有尽有。日本人餐桌上的主食也以海鲜产品为主，口味鲜美的生鱼片、肉质鲜嫩的烤鳗鱼作为日本料理中的特色主打食品，广受国内外民众的欢迎，将日本料理更广泛地推向了世界。

海水中的国家，在享受海洋财富的同时，也必须承受如水波般的漂流与动荡。从板块构造学说来看，日本恰恰处于太平洋板块与亚欧板块的消亡边界，身在太平洋火山地震带上，为西太平洋岛弧—海岸山脉—海沟组合的一部分。

日本境内多山，全国68%的地域是山地。山地成脊状穿过日本的国土，这些山脉多为火山，全国总共有160多座，其中50多座是活火山，占了世界火山总量的十分之一。日本人崇敬神明，相信山脉中都有神灵存在，对众多名山有着无限的敬仰。全日本最高峰，世界闻名的富士山便是日本精神的象征。

然而这些不安分的活火山并未给日本带来神明的庇佑，反而它们频发的活动带来了天崩地裂的灾难。翻开日本历史，几乎每个世纪都会发生几次强烈的地震，近年发生的阪神大地震、新易县中越地震都是芮氏地震规模6级以上的强震，给日本人民的生活带来了极大的麻烦，受到世界各国的关注。

然而生性顽强乐观的日本人却似乎并未因此受到精神上的影响。在乐享海洋恩赐的同时，也坦然地面对着伴随而来的天灾。

日本国土面积狭小，房屋建筑显得颇为拥挤。日本人自古便采用木制建材，在屋中设置成隔断门的形式，既充分节省了空间，又最大限度减少了房屋倒塌时所带来的人员和财产损失，这种独特的建筑形式成为日本房屋建筑的一大特色，吸引了世人好奇与赞许的目光，感叹日本人民丰富的创造力。

或许是为了抚慰日本人这种天生的乐观主义精神，频繁的火山地壳运动在带来破坏的同时，也送给了他们一项最宝贵的财富——那便是遍布日本全国各地的温泉。

日本被誉为温泉王国，从海上小岛到山中秘境，处处都有可供泡汤或观赏的温泉，从北向南约有2600多座，不但数量种类众多，而且质量很高，既可消除疲劳，又能养颜健身。

对日本人来说，泡温泉是一种享受，还是生活中不可缺少的一部分，更已成为招徕海外游客的一个重要手段。泡一场雾气腾腾的热汤，赴一个神清气爽的约会，我们感受到的不仅仅是温泉的舒适，还有日本人值得称道的周全与细腻。

此外，由于日本的岛屿呈东北向西南延伸得很长，南北跨越纬度约20度，因此，日本有许多种气候类型。主要是温带季风气候，南部的九州岛、四国有副热带季风气候。北部的岛屿夏天温暖，冬天则十分漫长、寒冷，还时常有大量降雪。而中西部地区则冬天比较干燥，很少下雪，夏天潮湿。

这就是一个真实的日本，无论是地动还是山摇，它都静静地偏安海角一隅，倔强而又沉重地存在着。

❀ 日本是一个禅宗寺院众多的国家。高度发达的现代工业文明，并未湮灭历史延续下来的古来传统，时尚气息中透着古朴的韵味。

位于日本东京都港区芝公园西侧的东京塔是日本的标志性建筑，它是仿照埃菲尔铁塔建造的，但在高度上却比埃菲尔铁塔高出近10米。夜幕下的东京塔向世人章显它的雍容与华贵。

樱之国的历史与今天

古朴与时尚交相辉映

❀ 蓝天下的现代化都市，静谧中透着一种优雅与温馨。

传说秦始皇派方士徐福出海到东海蓬莱仙岛寻求长生不老之药，几经辗转漂流，终于发现了茫茫大海之上的一个清幽小岛。这座曾被徐福以为是海外仙山的小岛，就是今日的日本。

日本古称倭，那时在海岛上散落着大大小小100多个独立的王国，经历了极为漫长的岁月，才逐渐统一成一个大国，公元前660年，第一代天皇——神武天皇宣布即位并建国，在历史上标志着古代日本国的正式成立。

从徐福的传说，便可看出日本自古以来就与中国的历史与文化有着密不可分的联系。公元600年，日本历史上迎来了第一个较为繁华的年代——飞鸟时代。此时日本已经开始应用中国的汉字，并引入了儒教和佛教，圣德太子致力于新一轮的政治革命，以"大化革新"为契机，想建立一个以天皇为中心的中央集权国家。这个政治构想分明是对隋唐政治制度的仿效。后来一直到奈良时代和平安时代，日本都在积极地学习和汲取远方中国大陆的文明。

随着镰仓幕府的成立，武士夺取了日本的政权，标志着日本幕府时代的来临。丰臣秀吉、织田信长、德川家康都是应时代而生的枭雄人物，并称为战国三杰，各自开创了属于自己的一番天地。这一时期的文化，无论是贵族、武士还是庶民、商人，都深受自中国宋朝传入的禅宗文化影响，形成了生动、写实、朴素的特色风格，歌舞伎、浮世绘等国宝级艺术都得到了辉煌的发展。

16世纪中叶，就已有西方人为日本带来了基督教和枪炮，这是一个在文化方面充满生气的时代。随着幕府统治逐渐走向衰败，日本人逐渐认识到，只有推翻腐朽的封建统治，向新兴的西方资本主义学习，才是日本的富强之路。于是一场轰轰烈烈的革命开始了，经历了"明治维新"，日本从此走上资本主义道路。

时至今日，日本的资本主义已经发展到了更为先进的程度，跻身于世界经济发达国家的行列，东京也成为世界数一数二的繁华都市。这些成就除了靠日本人民的拼搏精神之外，更得益于他们自古以来便善于吸收他山之石，用来攻己之玉，在结合本民族传统的基础上，将各种优秀的人类文化兼收并蓄，形成了自己独特的先进风格。

尤为难得的是，高度发达的现代工业化文明，并未湮灭历史延续下来的古老传统。在日本，传统的节日流传至今。在京都、奈良等地，寺庙与神社的保存十分完好。

今日的日本，是一个传统与现代交相辉映的国家，繁华与灿烂中还透着一丝古老的沧桑，散发出雍容的优雅。日本正以旺盛的精力和满满的自信，正在通往未来的道路上大步前进。

❀ 在日本，传统而独具特色的女儿节和男孩节依旧存在着，受到全民族的推崇。

Chapter 1

绝色聚焦…

日本最别致的 **28** 处风景

Japan. Japan

✈ 搜索地标：山梨县/静冈县

湖光山色美如幻

Fuji
富士山

日本第一 "圣岳"

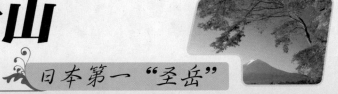

富士山是世界上最大的活火山之一，也是日本第一高峰，优美的圆锥状山体与银白色的积雪山巅都是令人魂牵梦绕的壮丽景色。

❀ 在日本人心中，富士山就是民族精神的象征，寄托了日本国民所有的崇拜与憧憬，是所有人心中的骄傲与梦幻。

即便是没有去过日本的人，又有谁没有听过富士山的大名？如同樱花一样，富士山已经成了日本民族的象征，是日本人不远万里朝拜的"圣岳"。

富士山是世界上最大的活火山之一，也是日本第一高峰，海拔3776米，位于本州岛中南部，横跨静冈、山梨两县，接近太平洋岸。相传公元前286年的一次地震形成了富士山，在日本的火山历史记载中，它一共喷发过18次，最后一次是1707年，此后休眠至今，但地质学家仍把它列入活火山之列。富士山体是优美的圆锥状，下宽上尖，远远望去如在天空高悬的一把打开的折扇。自古的诗人便用"玉扇倒悬东海天"、"富士白雪映朝阳"这样的美妙诗句来赞颂它。圆锥形峰顶终年积雪，呈耀眼的银白色，仿佛直冲湛蓝的天宇，远远望去庄严、美丽、壮观。

"富士"源自于日本少数民族阿伊努族语，意为"火神"，日本人崇尚山人合一的理念，将其作为民族精神永生的象征。它寄托了日本人所有的崇拜与憧憬，是所有人心中的骄傲与梦幻。在日本的国土上，常听人提起富士山的名字，有人说，天气好的时候望向那个方向，便能看到富士山的影子。在日本，能够亲眼望见富士山的雄姿，永远都是一件振奋人心、值得自豪的喜事。

仅仅是远远看到在云雾中缭绕的白色山巅，就足以让人心潮澎湃，梦中的圣岳竟然真实地呈现在眼前。多少神乎其神的传说，赋予了它神圣与神秘的色彩，能有机会近距离朝拜，是多少人一生的夙愿！

❀ 富士山山麓周长约125千米，如少女的裙摆飞扬。

❀ 古老的山峰，述说着古老而神秘的往事。

由于火山口多次喷发，富士山的山麓形成了无数大大小小的山洞，有的洞口至今仍有喷气现象。最神奇的富岳风穴里的洞壁上，结满了如钟乳石一样的冰柱，洞内寒气逼人，冰柱常年不化，在火山脚下被视为罕见的奇观。山上有一大一小两个火山口，最大的直径约800米，深200米，据说乘直升机从空中鸟瞰，如一朵灿烂的莲花般圣洁美丽，然而这却是很少有人能够体会到的极致美景。环绕锯齿状的火山口边缘是鼎鼎大名的"富士八峰"，即剑峰、白山岳、久须志岳、大日岳、伊豆岳、成就岳、驹岳和三岳，沿着富士山的主峰向两边逶迤而去，如同贵妇锦衣华服上两条飘逸的裙带，更加映衬出富士山的卓尔不群。怎么看这座大山都是富贵吉祥之相，难怪日本人对富士山如此尊崇。

圣岳周围建起了许多庙宇和神社，有的甚至已经分布到火山口的

边缘和内部。久须志神社和浅间神社便是两座位于顶峰的圣庙，是游人的必到之处。对于宗教人士而言，登山早已成为一种神圣的仪式。每年七八月的登山季节里，总有大批的人聚集山下，成群结队，统一攀登，气势颇为壮观。而一些零散的登山者，一般都是慕名而来，挑战极限的外国观光客，他们也想用脚步来征服这座圣岳。

然而通往富士山巅之路却不那么好走，海拔2000米之下，道路还算广阔，风景秀美，湖泊密布，丛林幽深。然而到了2000米以上，一路便都覆盖着火山熔岩与火山灰，无水无林，空气干燥，仅在砂砾中能找到曲折的小道，一脚踩下去满是凹陷之感，不似通常的山石路，很容易觉得疲累。当太过深入时，未免有不识庐山真面目的迷茫之感，距离太近，反而不能清晰完整地观赏到山顶的完美轮廓。尽管如此，每年亦有近30万人仍愿意一试身手，爬上富士山头。如此辛苦的旅程自然会被给予大自然丰厚的回报，在富士山顶看日出、观云海可是人生一大神圣的体验，壮观的景色绝对是给心灵的巨大震撼。

所以对于大部分不胜脚力的游客来说，富士山的美景，远观胜于攀爬。围绕山体北麓的富士五湖走上一圈，便能从不同角度欣赏富士山雄伟的身影。富士五湖由东向西分别为山中湖、河口湖、西湖、精进湖和本栖湖，都是熔岩流倾泻而下、在山麓形成的堰塞湖。这五湖是富士山极负盛名的旅游中心。山中湖面积最大，湖畔兴建了许多运动设施，游人可以在此打网球、垂钓、露营、滑水、划船。河口湖海拔最低，却是五湖中开发最早的，交通便利，已成为五湖观光的中心。它平静的湖面上总是能清晰地呈现出富士山优美的倒影。西湖是环境最清幽的一个，岸边有美丽的红叶台。精进湖面积最小，景致却极为独特，湖边有许多高耸的悬崖，地势复杂。本栖湖水最深，呈明艳的深蓝色，神秘莫测。五大湖各有各的特点，如明珠般点缀在

✻临湖观景，雪峰异样的色彩依稀倒映水中，另具一番韵味。

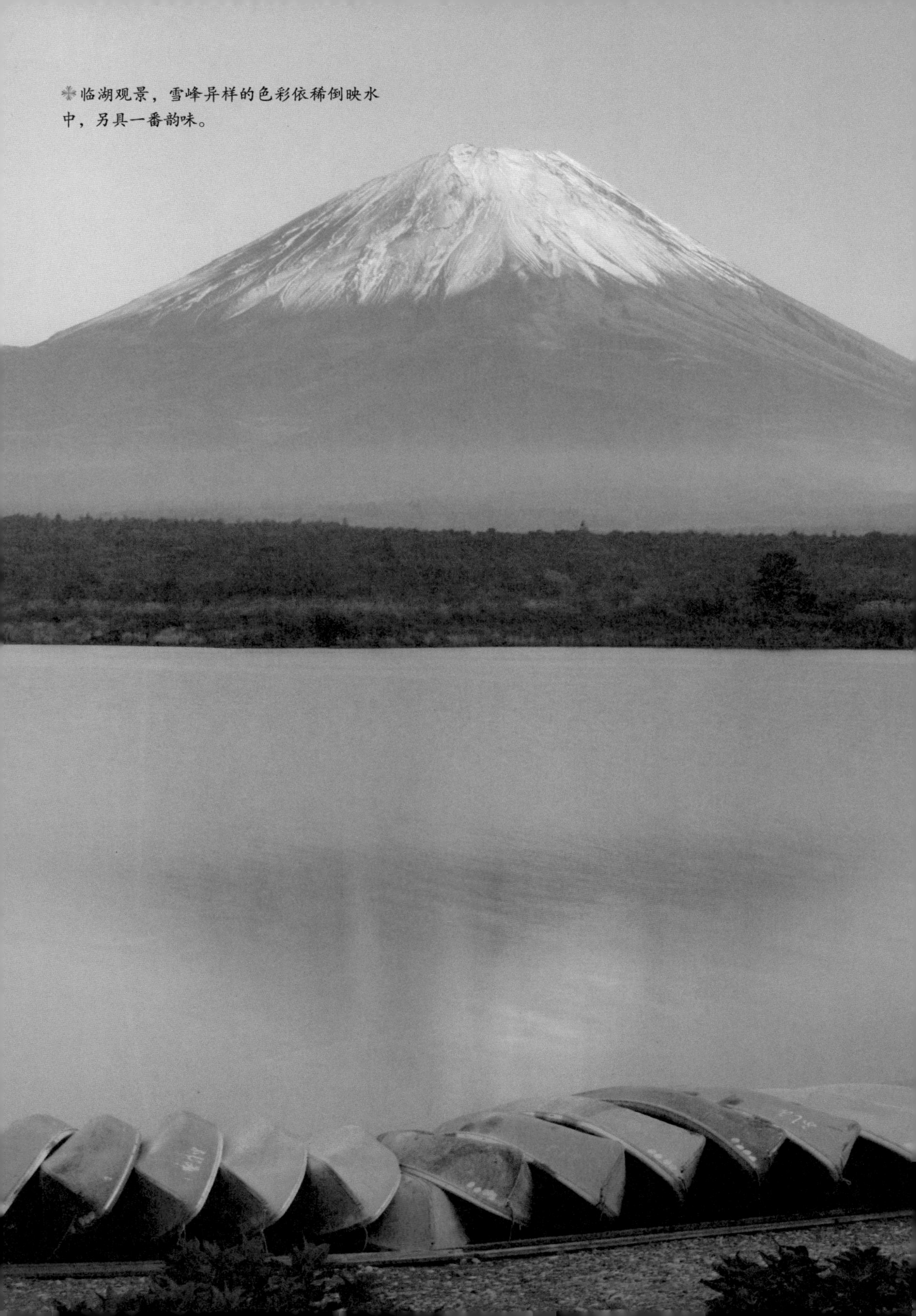

富士山脚下。

　　富士山称得上是一座天然的大植物园，山上各种植物多达两千余种，多分布在山脚地带。南坡是一片辽阔的高原，绿草如茵，牛羊成群。山体西南悬挂着著名的白系、音止两大瀑布，声如雷鸣，震天动地，造成万马齐喑之势。在富士山区之内还设有富士野生动物园、自然科学厅、富士博物馆等机构，以各种各样的丰富资料，为人们展示着富士山的多姿多彩。

　　自古以来，日本人民总不吝惜对富士山热情的赞美和咏叹。日本古老的《和歌》中多次出现它的身影，江户时代日本著名的浮世绘画家曾留下了以富士山为题材的46幅连续版画《富岳三十六景》，广为人知。直木文学奖获得者新田次郎曾写过关于富士山的许多作品。随着作家和艺术家们的伟大作品传世，富士山在人们心中的地位也越发神圣、崇高。

　　而我们想起的却是那优美如行云流水般的旋律，朗朗上口的歌词——谁能凭爱意令富士山私有？这世界上的许多事物，都如富士山一样美好的盘桓于心头，然而伸手终是不及，无法将其抓在手心。或许这便是生命中不可或缺的遗憾之美吧。珍惜现在所拥有的，淡然面对终将要放弃的，这样的人生，才会有更多的快乐吧。

❈ 在夕阳的余晖中极目远眺，尘封的往昔与充满希冀的未来，使这座山峰显得更加神圣、庄严。

✈ 搜索地标：京都

Arashiyama

岚山

京都第一名胜

湖光山色美如幻

岚 山之妙处，在于它春季樱花烂漫，秋季枫叶胜火，四季都涂满了不同的明亮颜色，是春游踏青、咏叹自然的好去处。

到 京都旅游，就不能不去岚山，在这个以人文风貌见长的城市里，岚山是最著名的自然风景区，从平安时代起便已名闻天下。岚山之妙处，在于它春季樱花烂漫，秋季枫叶胜火，四季都涂满了不同的明亮颜色，是春游踏青，咏叹自然的好去处。周恩来当年东渡日本留学，曾题诗于此，后被树碑纪念。从周恩来诗碑矗立起的那一刻开始，岚山之于中国人，又多了一层更深厚的怀念。

岚山位于京都市西北，据说漫山的樱树和枫树在风中摇摆，

❋古色古香的渡月桥横亘于潺潺的河水之上，是岚山最具代表性的景色之一。

发出沙沙的声响，如暴风骤雨，故此得名。山高375米，算不得太高。日本的自然景色似乎也被日本民族的传统风格所感染熏陶，并不以高大巍峨见长，讲的是清秀、雅致、小巧，细微之处自有美感，似曲径通幽，别有风味。岚山本指的是桂川右岸的一片山区，但今日提起旅游风景区岚山，则是以横跨桂川的渡月桥为中心，广泛地将河左右两岸的周边地区，都并入了岚山的范围，湖光山色相映，岚山的姿容越发娇媚动人。

渡月桥是岚山最具代表性的景色之一。大堰川缓缓倚岚山流下，上游的保津川峡谷深邃，水流湍急，到下游去势渐缓，在山脚处蜿蜒成一道墨绿色的飘带，水上泛着粼粼波光，渡月桥便跨越在这条彩带之上，成为今日广义岚山地区的中心。名为渡月，指的是人在桥上，如乘月渡水，诗情画意盎然。

渡月桥长154米，乍看上去似一座木桥的造型，古色古香，端庄大气。近看才发现，渡月桥是完全现代化的钢筋混凝土大桥，不过木制护栏却刻意营造仿古情调，连油漆都不曾粉刷，甚至还明显的有裂纹和缝隙，沉重的时代感油然而生。桥面也以木板铺陈而成。站在桥上环顾四周，岚山山体呈淡淡的黛青色，松樱密布，桥下流水潺潺，碧波荡漾。古朴典雅的桥身与周围的景致气氛配合得恰到好处，偶尔可看到盛装的艺伎沿河边款款而行，衣袂飘飘，让人如时空倒转，身处平安时代澄明的阳光之下。

✽ 瞻彼淇奥，绿竹猗猗。京都四处皆不乏竹林，却没有哪里能似岚山的竹这般谦谦温润、如切如磋、如琢如磨。

　　山间小路曲折，盘桓在茂密的林木之中，如丝丝细线，点点
散落。大概是因为植被繁多的缘故，山上的空气极为清新，沁人
心脾，深吸一口便似汲取了无穷的力量，精神百倍。不时有鸟儿
清脆的鸣叫声流转耳边，山谷之中余音袅袅，幽静出尘，更添空
明之感。倘若将岚山比做人，那一定是眉目如画、粉面含春的娇
俏女子，一花一叶、一草一木都是如此的万种风情。

　　"春来樱花盛，落花如雪遍山野；秋来红叶艳，锦绣岚山入
黄昏。"岚山最著名的景观便是樱花与枫叶，春秋二季，粉白与
火红交替将岚山渲染得一派明艳，如一幅斑斓的山水画。

　　樱花是日本民族文化最重要的象征。每逢阳春三月，赏樱踏
青是国民一大盛事。奋力地攀上主峰乌岳，可以看到漫山遍野都
沐浴在晶莹粉白的樱花海洋中，一片云蒸霞蔚、气势恢宏。风过
处，团团花朵摇曳，似海浪般起伏，随风传来淡雅的清香，让人
陶醉。

　　岚山景区拥有近5000株山樱，毗邻青山碧水，更加引人入
胜，日本人习惯一家老小出游，共赏樱花美景，穿着华贵的和服
在樱花树下把酒畅谈，吟诗作对，岚山一下子变得热闹非凡。春

❈在渡月桥边泛起一叶轻舟，抬头便可饱览岚山秋季的壮观景色。

的气息不仅仅翻涌于山水之间，也鲜明地写在每个人脸上，发自内心的笑容如樱花般灿烂，原来春天已如此接近你我，无数浪漫情怀都在花海中悄然而至。

到了秋天，粉白色的樱花成了昨日芳华，火红的枫叶替它代表岚山迎接宾客。

一片片火红色镶嵌在黛青色的山体背景中，艳丽的红叶如半山腰一道缭绕的浮云，绚丽多彩。一个鲜翠欲滴，一个如火如荼，层层叠叠，相映成趣。河边的枫树不甘寂寞地向水面上伸展着枝叶，似乎也想欣赏自己秀美的身姿，耀眼的红色映入水中，随着水波一圈圈的将红晕荡漾开，如女孩家的胭脂飞上双颊，大堰川水面上一时间流光溢彩、美不胜收。

自平安时代以来，岚山就是王公贵族的别庄所在地，随着那些风花雪月的故事上演，"岚山"的名字也频率极高地出现在日本古典文学作品之中。

因人员往来兴旺，兴建了许多古刹神社，藏在高山绿树之中，添了几分神秘庄严，因而参拜这些神社庙宇也成了岚山观光的重要内容之一。其中最珍贵的便是名列世界遗产的天龙

✳ 大河内山庄是日本著名演员大河内次郎倾尽毕生心血
建造的大型庭院，也是岚山著名的景点。

寺。野宫神社由于曾经出现在著名的《源氏物语》中，而为世人所熟知。

　　站在乌岳峰上，整个京都城尽收眼中。这个古老的城市被三面的高山环抱着，隐约能看到城市建筑平实舒缓，毫不张扬，沉淀着千年古韵，作为日本历史最悠久的古都之一，京都的建筑风格以中国唐朝时的长安为蓝本，依稀可见盛唐文明的影子。看来"中日友好"这句口号自古以来便有鲜明的诠释。

　　1919年春天，还在日本留学的周恩来登上了雨中的岚山，细雨中但见云雾缭绕，淡雅的樱花片片凋落，花瓣飞扬，视死如归般悲壮，深深触动了周恩来的内心，联想起家国革命的风云年代，他留下了《雨中岚山》的诗句。

　　周恩来总理是中日两国人民心中的一座丰碑。1979年，日本相关友好团体为了纪念这位伟人，将《雨中岚山》刻成诗碑，立在一座山岗之上，面向岚山及大堰川水，碑后有繁茂的樱花盛开。所有来到岚山旅游的中国人，都会来寻访这座诗碑，缅怀伟人的足迹。

　　"一线阳光穿云出，愈见娇妍。"回味着周恩来总理的诗句，但见岚山山头，日光半掩在云层之后，却又正在迫不及待地积蓄力量，意欲破云而出。世上所有的真理，大约皆同于此，都不会被迷雾淹没。刚刚经历了"融冰"、"破冰"的中日关系，是否也如周恩来总理寓意的那样，正在一步步走出严寒，向更为明媚的春天迈进呢？

　　云雾正在一点点散去，阳光下的岚山展露出极为清晰的轮廓，仿佛被赋予了生命的灵性与情感，以樱花之优雅，以枫叶之热情，迎接生活，拥抱阳光！

❋ 因地理位置的关系，日本秋季漫长，多枫叶，被誉为世界上红叶最美的国家之一，岚山却拥有着全日本数一数二的红叶。

❋ 11月的红叶节来到时，大堰川上便漂浮着各式各样经过精心装饰的小舟，有身着传统服装的音乐家们在其上演奏。

湖光山色美如幻

*A*sahidake

旭岳 ·追寻初雪的飘落

旭 岳雪山被称为日本的"初冠雪之地"，每年的9月末就可以见到雪花飘落。如果初雪飘落，果真能让人感受到幸福所在，那么旭岳山一定是全日本最幸福的地方，这是上天赐予它最神圣的力量。

❋ 初夏时节，高山植物竞相盛开，山路成为一个万紫千红的天然大花圃。

听 过这个美好的传说吗？"初雪飘落的那一天，相逢的恋人会感到幸福的所在。"既然如此，那旭岳雪山洋洋洒洒飘落的雪花，是否凝结着我们幸福的希望？

旭岳雪山高2290米，是大雪山国立公园的最高峰，虽然海拔和名声都不及富士山，但却有自己的独特魅力所在。这里是全日本赏雪时间最长的地方，即使是烈日炎炎的6月，被浓雾笼罩、时隐时现的山头仍然被冬日残留的白雪覆盖着，摄人心魄的美丽中还透着几分神秘诡异。

北海道每年都是全日本最先下雪的地方，而位于北海道旭川的旭岳，9月末就可以看到第一场雪，比北海道其他的主要城市早了差不多一个月的时间。幸福就这样静悄悄地提前来临了，旭岳就这样成为北海道赏雪之旅的最浪漫去处。看高高的山头一点点被白色覆盖，恋人在山脚下手拉着手，如同亲眼见证自己的幸福从天而降，落到了自己心里，四下弥漫着，整个人都沉浸其中。

　　通常人们会选择乘坐缆车登山，或欣赏美丽雪景，或在雪场上滑雪，各得其乐，山上虽白雪皑皑，却一点都不冷，仿佛有热情的火焰在人们心中升腾。

　　如果想要征服旭岳高峰，徒步登山，则一定要备好专门的登山工具，以1600米处的架空索道顶峰作为出发点，进行约1个小时的山中漫步，在花丛中穿行，体会着大自然的乐趣无穷，雪山之巅隔着一层雾气，影影绰绰，仿佛已是近在咫尺，伸手便能抓得住。

　　伸手便想触及的，何止是圣洁的皑皑白雪，还有心中的幸福所在。据说这里的积雪味道是甜丝丝的，入口即化，凉爽甘甜直沁心脾，通体畅快。这不正是幸福的滋味吗？

　　大自然永远是最神奇的魔术师，山上被装扮得冰肌玉骨，山下却都是热气腾腾的温泉，一上一下，竟是冰火两重天的滋味。

　　从风吼雪嘶的旭岳雪山上下来，带着一身疲累走进山下温暖的旭岳万世阁，温泉的温热立时扑面而来，方才裹挟着的寒气尚未褪去，与这腾腾热气相撞，冷热相交竟是说不出的惬意。刚才还是裹得严严实实、全副武装，现在却要退去衣衫，在露天之中沐浴温泉，蓦然间竟似转换了两个时空。

　　这一刻，水温微烫，水质腻滑，轻轻荡漾着，像一双温柔的手通体按摩，池边可见矿物质沉淀的结晶。周围还是冰天雪地，温泉之中的肌肤却是红润透亮，泛出蒸腾的热气，瞬间如同天人合一。泡汤之意不仅仅在温泉，登山之意也不仅仅在积雪，而在于借这水、这雪为媒，与大自然进行一番亲密的接触。

　　在初雪落下的那一刻，所许下的心愿最为美丽真实，必定能得到上天的祝福。大自然赋予了旭岳山宝贵的初雪，自然也赋予它承载幸福的重任。

　　期盼着这一年的雪花快快飘落，我们相约在旭岳山之巅，共同许一个爱的宣言。

❁ 北海道8月便天气转凉。旭岳山间明亮地浮动着秋季特有的斑斓。

❁ 大雪旭岳源水是通向旭岳温泉的必经之所。这里富含矿物质的水可以任人自由取用。

湖光山色美如幻

Japanese Alps

日本阿尔卑斯 · 日本的脊梁

"日本阿尔卑斯"是木曾、赤石三大山脉的总称，被称为日本的脊梁。"日本阿尔卑斯"本是西方人为了方便所取的名字，却是越叫越响，作为日本著名的游览和登山胜地，大有向阿尔卑斯看齐的趋势。

❈ 日本的脊梁——"日本阿尔卑斯"有着浓郁的日本风情，为各地游客观光旅游、攀登翻越之胜地。

日本是个多山的国家，喜好神明崇拜的日本人相信山脉里蛰伏着英雄的灵魂，对每一座大山都充满了敬仰与热爱。如果说名动天下的富士山是日本国家民族的象征，那么另一座山脉——"日本阿尔卑斯"则称得上是日本的脊梁。

"日本阿尔卑斯"是日本本州中部飞蝉、木曾、赤石三大山脉的总称，承接了东京和名古屋，横跨日本许多个县。

其中，飞蝉山的丝柏和杉树是日本的三大美林之一，这里也是登山、野营的好去处。木曾山位于长野，林业很发达，其桧林号称日本三大美林之一。赤山则因石红而得名，以峰奇、洞异、泉清、石怪、寺古著称，是旅游爱好者不可多得的旅游胜地。

"日本阿尔卑斯"的原名倒是正宗的日本风情，只是对外国人来讲未免复杂拗口，于是19世纪末的一个英国人干脆取其景观气质相似之处，将其称做"日本的阿尔卑斯"，这个名字渐渐为世人所知，虽然不如欧洲原版的阿尔卑斯那般响亮，但也是日本著名的游览和登山胜地。

日本阿尔卑斯连绵起伏，气势磅礴。春夏秋三季都是攀山远足的好季节，一路之上满眼都是风景，或是漫山遍野绿草茵茵，或是路边绽放的娇艳百合，或是层层如浸染了红日精华的沧桑红叶，山腰的花红草绿与山顶的皑皑白雪形成色彩鲜明的对比，令人叹为观止。

进入冬季，厚厚的积雪覆盖了群山，刹那间便是银装素裹，人们纷纷换上厚厚的滑雪服，在冰雪的世界中体验一次速度的腾跃。

一年中来此欣赏四季美景的人络绎不绝，坐落于青山之间的温泉旅馆自然也是人满为患，泡着温泉赏叶观雪，是何等愉悦风雅之幸事。

　　立山位于富山县境内，是"日本阿尔卑斯"山脉中最著名的一座大山。常年积雪，洁白的雪色中透出黛青的山体，远远望去风景如画，美不胜收。

　　有名的立山黑部阿尔卑斯大雪谷便坐落其中，一条条长长的甬道通往远处山峰，道路两旁是高达20米的雪墙，非常壮观，走在这条大道上，两边传来的是沁人心脾的清凉，让人神清气爽。日本最大的峡谷——立山黑部峡谷被连绵的山峰环抱其中。

　　由于当地气候多雨雪，地势险要，自然条件阻挡了人们的深度开发，使得这片幽深的峡谷还保存着极为原始的自然风貌，如梦幻中的仙境般耐人寻味。

　　黑部河水自"阿尔卑斯"山脉中穿行而过，水流滔滔不绝，

落差极大。善于充分利用自然资源的日本人在此建起了备受瞩目的黑部大坝，过程之艰难，规模之浩大，被后人称为一个世纪的奇迹，不但让周边地区的日常生活所需能源没有了后顾之忧，还很好地维护了峡谷内的自然景观。

雄伟的大坝与阿尔卑斯山脉壮丽的山体交相辉映，融合出了更为美丽的一道风景，这也是人类利用、保护大自然，努力追求与自然和谐共存的绚烂成果。

在高大的冰雪城墙上用手指划出一个小小的心愿，在永恒的自然美景下迸发瞬间的希望，风沙终会抹杀曾经的印记，让我的经过如雁过无痕，而"日本阿尔卑斯"的美好却如日月长存，永驻每个人的心间。

❈ 绿树黄花环抱着的"阿尔卑斯山"，如同一位羞答答的少女，半掩面庞。

✈ 搜索地标：富山县

Kurobe Lake

黑部湖

湖光山色美如幻

此水天上来

高山冰雪的消融形成了今日的黑部湖，它如一块闪闪的翡翠，镶嵌在山谷中熠熠生辉、光芒万丈。丰沛的水量与海拔的落差，又成就了一座壮观的黑部水库，人造工程与自然美景合二为一，在这幽深的峡谷中散发着迷人的光彩。

即使是日本黑部立山峡谷最深的V字形山谷，也无法遮挡黑部湖迷人的风采。碧绿清澈的黑部湖，如一块闪闪的翡翠，镶嵌在山谷中熠熠生辉、光芒万丈。

在日本富山县黑部立山的游览行程中，黑部湖是必不可少的景点，海拔1448米，是全日本最高的湖泊。黑部湖由高山雪水消融形成，由于海拔太高，温度较低，即使是每年的初夏时分，依然可以看到湖边星星点点的积雪和冰块，直到6月盛夏时节才会完全解冻。周围群山和湖面上的冰雪渐渐消融，山头冒出新绿，湖水透出深邃的翡翠绿色，清澈美丽，向所有的游客伸出热情欢迎的双臂。进入秋天，树叶变黄，一片金灿灿的耀眼，更加平添了黑部湖的魅力。

※ 最能感受湖水沉静之美的，莫过于乘坐连接大观峰与黑部间的空中缆车。

想要饱览山水相映的美景，有几条不同的途径可以选择。西岸上修建了给行人散步专用的林荫道，游客可以在天然的树林中围着湖水漫步，虽然是海拔较高的山路，但却没有坡度，便于行走，置身于林木的清香中，看山路边一汪碧水幽幽，让人流连忘返，身心都得到极大的放松。在湖面完全解冻的时候，也可以选择乘船游览整个黑部湖，泛舟于碧水之上，看山林的倒影在水中微微荡漾，

人如在画中游。

　　每年冬天，黑部湖周边的高山都会被厚厚的白雪覆盖，丰沛的降水源源不断地补给着河川，加上峡谷的落差很大，水流湍急，成为建设水力发电站的最佳地点。1963年，排除了地势险峻与气候恶劣的因素，运用最先进的技术和机械，被称为"世纪工程"的峡谷间的黑部水库终于落成，不但为黑部地区提供了丰富的水力发电能源，本身也成了一道壮观美丽的风景。

　　黑部车站的旁边设了水库展望台，从无轨电车站下车后，可以直接登上展望台凭栏远眺，整个大坝建筑以连绵的群山为背景，华丽地展现在眼前，屋顶曲线圆润，造型精巧，代表了当年日本建筑和科技的最高水平。若赶得巧，便可以欣赏到水库的水滔滔奔入溪谷河川的宏伟场面，声势浩大，连扑面而来的山风似乎都夹杂着丝丝凉爽的水汽。

　　就这样，黑部湖完全由大自然塑造而成，最终为人类所利用，为自己的生活造福，人造的工程与自然的美景合二为一，在这幽深的峡谷中散发着迷人的光彩。

❋黑部湖岸的周围环绕着郁郁葱葱的山林，空气清新，保持着自然原始的状态。

搜索地标：福岛县

湖光山色美如幻

Inawashiro Lake

猪苗代湖

·四季变换的风景

猪苗代湖是日本第四大湖，湖水清澈透明，湖面平静辽阔，犹如一面巨大的天镜将盘梯山的雄姿映照在湖面上，因此也被称为"天镜湖"。清澈的湖水与壮丽的盘梯山相互依偎，交映成趣，构成了一幅美不胜收的山水图。

位于福岛县近中央猪苗代盆地内的猪苗代湖，是日本第四大湖，正好处在盘梯朝日国立公园的外入口处，犹如一面巨大的天镜将盘梯山的雄姿映照在湖面上，因此也被称为"天镜湖"。清澈的湖水与壮丽的盘梯山相互依偎，交映成趣，构成了一幅美不胜收的山水图。

猪苗代湖的形状像一个鸭卵，总面积约104平方千米，由多年来的地壳变化、地层陷落而形成。站在岸边望去，湖面平静得没有一丝波澜，湖水湛蓝，与天同色，清可见底。据说它的湖水透明度在全日本排名第三，果然不负"天镜"的美名。湖水对岸是巍峨的盘梯山，山头似还覆盖着点点白雪，与天上的白云浑然一体。盘梯山是一座活火山，在历史上留下了多次爆发的记录，流出的岩浆形成了山脚下以五色昭、秋元湖为代表的大大小小一系列湖泊群，如众星捧月般烘托、装扮着猪苗代湖。如今，人们每时每刻都在紧张地监视着这颗"定时炸弹"，以防它突然再度爆发，破坏猪苗代湖的天然景观。

以北岸的长浜为中心，周边都是游览和运动的好去处。春季可欣赏沿岸的新绿，不知名的野鸟栖息在岸边，似乎也在贪恋这一片葱郁的绿色，它们静静地在岸边徘徊，时疾时徐，不知是不是也在暗中偷看那一群好奇给它们拍照的人？猪苗代湖是著名的鸟类栖息地，得天独厚的自然环境吸引了大批的鸟儿休憩于此，当地人也早就养成了良好的爱鸟传统，把这些鸟儿们当成猪苗代湖特殊的尊贵客人。所以这儿的野鸟们也并不惧怕人类，在游客蜂拥的镜头面前也依旧镇定自若，带着几分深沉望向远处的水面，形成了鸟儿看湖、游人看鸟的有趣画面。

夏天是运动的好季节，人们与猪苗代湖共赴一个阳光的约会，掀起浪花的狂欢。宽阔的湖面热闹非凡，大家选择亲自划船遍赏湖岸秀色，挥洒了汗水之后，对这良辰美景更为深刻。还有一些人不满足于仅仅是泛舟水面，还想和猪苗代湖进行一番更亲密的接触，于是便有了一个热情洋溢的滑水板团队，似蝴蝶般轻盈地漂在水面上，在船只间穿梭。到了夏天，不但猪苗代湖是景，湖面上的人也都是景，连湖边散步的鸟儿都禁不住好奇，侧头观赏。人与自然便这样奇妙地融为一体。

秋天到了，猪苗代湖倏忽变了颜色。周围山峦上的枫叶红得似火，艳得像霞，将湖水都映成了一片红色。而进入严冬，红色又被一片白茫茫所代替，人们在湖旁滑雪、溜冰。大概是习惯了猪苗代湖对动物的热爱，每年都会有成群的天鹅来这里过冬，给冬日的猪苗代湖增添了一道靓丽的风景。

无论何时来到猪苗代湖，这里都绝不会让你失望，展现于面前的是变化万千的秀美风光，等待满怀热情的你投入其中。

Tazawako Lake
田泽湖

心灵的徜徉地·

田 泽湖是全日本最深的湖泊，澄清的琉璃色湖水神秘莫测，连绵起伏的群山将湖水环抱其中，与清澈的深蓝色湖水相映，一派清幽静雅的气氛。周边还有众多旅馆、餐厅、滑雪场和温泉，设施完善，是旅游度假的好去处。

田 泽湖是一个典型的圆形火山口湖，位于日本本州岛的秋田县境内。湖面宽阔，面积25.5平方千米，水深达423.4米，是全日本最深的湖泊，在全世界排名第17位，以如诗如画般的风光吸引了众多的游人。

田泽湖水的透明度很高，在全日本仅次于摩周湖，澄清的琉璃色湖水神秘莫测，在阳光下泛着粼粼的波光。从前水中生长着很多的淡水鱼类，从湖面上便可望见它们自由地游来游去，然而这般的自然美景也难免受到现代化工业污染的破坏，随着水质酸性的增强，这种淡水鱼已经很难再觅其踪影。望着空荡荡的湖水，让人不由想起有关田泽湖的一个古老的传说：相传湖边的村子里住着一位叫"辰子"的美丽姑娘，然而她并不满足于自己的容貌，想获得永远的美丽，于是去恳求神仙。神仙给她的交换条件是喝干整个田泽湖的水。辰子不顾自己身体，拼命地想喝干湖水，获得美丽，而她的身体却变成了一条龙，沉入了湖底。这个传说告诫人们：凡事都要适可而止，不可贪心。正如这里日益发

❋ 田泽湖岸的雪松林，藏着通往神社的小径，一派清幽。

展的工业带来的污染，而过分的贪婪换来的只能是对自然无休止地破坏。

乘坐观光巴士绕湖一周是不错的游览方式，能从不同的角度仔细欣赏田泽湖的美妙风光。连绵起伏的群山将湖水环抱其中，重峦叠嶂，风姿雄伟，与清澈的深蓝色湖水相映，一派清幽静雅的气氛。春天满山苍翠，夏日郁郁葱葱，冬季白雪皑皑，最美的还是田泽湖的秋季，漫山的枫叶都红了，半山腰上似笼罩了一抹云霞，深红、浅红层次分明，倒映在幽深的湖水之中，交织成一幅绚烂多彩的风景画。山上设了许多专门赏枫的据点，每年秋天，游人聚集如织，摩肩接踵，争相观赏红叶胜火、山水相依的美景。这里冬季的雪景也是一流，为摄影爱好者所爱，在这宽广的环境之中，很容易拍摄出冬季旷野的那种空明之感，从照片中更能感受到自然之灵秀。

坐渡船游湖则是另一番情趣的享受，与在岸上相比，有种身临其境的存在之感，感受的是另外一种层次的美，别有一番风

❀湖区不远处八幡平地区是一处横跨岩手县与秋田县的高岗，从这里可以眺望岩手山区的优美景致。

味，仿佛整个身心都被澄清的湖水涤荡的一番清爽。湖水的能见度极高，却是深不见底，难免对水下那不可测的世界浮想联翩，不知道辰子姑娘化身的龙是不是还安静地卧在水底，可曾后悔自己的贪欲？

　　瑞士村位于田泽湖畔广阔的高原之上，也是田泽湖的旅游景点之一，村内全部是仿瑞士风格建筑的小房子，红瓦白墙，精致可爱，弥漫着浓厚的欧化气息，村内分布着众多的餐馆、纪念品屋，都是为游客服务的。站在这里可以远眺田泽湖及周边高山景致，既有再现了阿尔卑斯风情的山间小屋，也有一座展现瑞士城镇风貌的主题公园。瑞士村周围还分布着众多不同风情的滑雪场与温泉，除了观光赏景之外，这里一年四季都开展着如火如荼的体育活动。人们用无穷无尽的活力和大自然来一场四季的竞赛，挑战速度与耐力的极限。

　　春秋季骑车郊游，在湖面上悠闲垂钓；冬季在湖面上滑冰，在湖边的雪场滑雪；夏季水面上则是万舸齐发，风帆招展，摩托艇也轰鸣着在湖面上滑行，溅起朵朵纯白的浪花。玩儿得累了，在湖边随处可见的小餐馆里，品尝正宗的日本料理，然后去温泉宿驿舒舒服服地泡一个温泉，让蒸腾的雾气带走这一天的疲惫。沿着田泽湖附近的一大片温泉可不是浪得虚名，温泉旅馆的数量、服务以及水质都是日本一流，将你带入好一片雾蒙蒙的温柔之乡。

　　在田泽湖的西岸，静静矗立着一座雕像，这便是传说中的"辰子姬像"，外表贴满了金箔，经过太阳的反射，金灿灿地闪着耀眼的光芒，有种金碧辉煌的感觉。如今它已是田泽湖的象征，所有游客都会慕名到此，好奇地看一看田泽湖的辰子姑娘，沉浸在古老的神话气氛之中。在辰子像面前还不忘和神明许个小小的心愿，自然要适可而止，千万不可学辰子的贪心。

　　田泽湖的设施如此完善，最适合一个悠长休闲的假期，打起背包出发吧，把大好的时光融入这水、这山、这枫叶、这白雪，让自己的青春也如同田泽湖一样，散发出璀璨的光彩。

❀ 传统日式风格的温泉旅馆静静坐落在湖岸，在一派绚丽秋色中整个湖区更像是在一个童话中才会出现的世外桃源。

✈ 搜索地标：熊本县

湖光山色美如幻

A so Volcano

阿苏山

火之国的活火山

因为拥有阿苏山，熊本县有了"火之国"的美誉，这是世界上为数不多的活火山之一。站在火山口的边缘，浓烈的硫黄气味扑面而来，源于地壳深处的白烟就缭绕在眼前，恍然如回到了大地母亲温暖的怀抱。

日本九州岛的熊本县有着"火之国"的别称，因为它是与一座火山共舞的激情之城，境内坐落着世上少有的活火山——阿苏山。到了九州岛，如果不去火之国欣赏一下阿苏山的风采，看一看火山口还在缥缈的白烟，又怎能领略日本这个多火山国家炽热的胸怀？

阿苏山位于熊本县的东北部，外形略椭圆状，总面积约250平方千米，是一座复式火山，由中岳、高岳、杵岛岳、乌帽子岳、根子岳5座火山组成。其中高岳是阿苏山的最高峰，中岳是目前火山活动最频繁的地方，破火山口便位于此处，是一片呈碗状的巨大洼地。翻开日本火山喷发的历史，早在553年，就已有中岳活火山爆发的记载，是日本有文字可查的最早记录。

这片区域至少经历过100多次火山喷发，当年喷涌而出的火山熔岩将整个火山头破坏殆尽，多年来被风雨冲刷，方才形成了今日阿苏山的火山洼地。平时在没有喷发警报的时候，游人便有机会近距离接触到阿苏火山口，且在通往火山口的路上便会接到大自然的一个下马威，浓浓的硫黄气味扑面而来，呼吸都有些困难，若是空气中的二氧化硫含量过高，则说明火山活动剧烈，游人就登顶无望了。沿着规定的路线登上山头，袅袅的白烟就在眼前几百米的地方升腾而起，活火山此时就踩在我们脚下，似乎地面都在微微地颤动，向我们展示着自然力量的伟大。火山口底部岩浆沸腾，温度奇高。与周边高原芳草萋萋、山花烂漫的景色相比，火山口周边却是一片荒凉的不毛之地，棕褐色的岩层裸露在

❋中岳的火山口直径600多米，深130米，大火山口内还深藏着众多新生的小火山口，仍然在不知疲倦地冒着热气。

外，这要归结于火山热气与硫黄烟雾的双重破坏作用。

或许是因为火山口太过辽阔了，人身在其中，根本无法窥尽全貌，越发地衬托出自己的渺小，生出一种"不识庐山真面目，只缘身在此山中"的迷茫。阿苏山外轮山脉的大观峰上设立了观望台，给人一个俯瞰火山口及整个阿苏山的机会。由观望台向下俯瞰，可以看到完整的火山口凹地，像一只大碗一样镶嵌在连绵起伏的阿苏山五大山岳中，被丝丝缕缕的雾气包裹着，有些飘逸出尘的神韵。相比它的古朴素雅，中岳周边的"草千里"却是一派明艳动人的旖旎风光。这是阿苏山的另一大风景区，一片平坦的圆形草原。绿油油的草地一望无际，正中央是一个直径1000米的大湖，湖水清澈，碧波荡漾，蓝天白云倒映其中，牛羊马儿悠闲地散步、吃草。这里没有火山的干扰，没有都市里的喧嚣，难得的自然美景，给人以心灵上的宁静。

欣赏完阿苏山的风景，火山博物馆也是绝对值得一去的地方，这里就像一座生动的火山地质教科书，寓教于乐，展示了阿苏山的历史与现状，让我们进一步领略了阿苏山的神奇和美丽。

火山口外的纪念品贩售处有摆放得整整齐齐的小块硫黄石，这是阿苏山送给游人的最有意义的纪念。那股淡淡的硫黄味道，就是这片土地独特的气味，亲切熟悉，萦绕于指尖，流连在心头。

❀ "草千里"草原。大概谁也想不到，险恶的火山地带，竟然别有这样一方生机盎然的洞天之地。

❀ 阿苏山不但是世界上为数不多的活火山之一，还是世界上具有最大破火山口的活火山之一。

湖光山色美如幻

Ogasawara Islands

小笠原群岛 · 太平洋上的乐园

在荡清了历史的尘埃和弥漫的硝烟之后，今日的小笠原群岛如一串耀眼的明珠，点缀在太平洋一望无际的海水中。秀美的海滨风光，温暖的碧海银沙，活泼的飞鸟游鱼，将小笠原变成了太平洋上的一个大乐园。

在东京以南1000千米的太平洋上，小笠原群岛如一串耀眼的明珠，点缀在太平洋一望无际的海水中。秀美的风光与曲折的历史都让它吸引了世人无数关注的目光。

小笠原群岛属于本州东京都小笠原村，面积105平方千米，由30多个大小岛屿组成，主要有父岛、母岛、硫黄岛等，地处亚热带，岛上的气候和植被都带着明显的亚热带特征。一年四季温暖如春，即便是在最寒冷的2月，平均气温仍可达到18摄氏度，温润的气候条件促进了小笠原群岛的观光旅游业，尤其是春夏两季更为热闹，每年来这里旅游度假的游客可达2万多人，将小笠原群岛变成了太平洋上的一个大乐园。

小笠原群岛有着漫长的海岸线，岛上灌木丛生，植被丰富。

银色的白沙滩光滑平坦、绵软舒适，非常适合海水浴和潜水，很多人都在这片碧水银沙中流连忘返，享受着假期的悠闲。

每年的秋季到第二年的四月，是在小笠原群岛欣赏鲸鱼和海豚的最佳季节，这是岛上最动人的旅游项目。出没于小笠原群岛的鲸鱼主要为座头鲸，体型最庞大的体长可达15米，在海中缓缓前行时喷出高高的水柱，直冲天宇，水雾如散花般绽开，又落回水中，甚是美丽壮观。海豚则表现得更为友好，与人类更亲近，它们通常在近海边跳跃嬉戏，溅起浪花朵朵，游动时水波翻涌，身姿矫健，活泼可爱。

小笠原群岛的亚热带动植物资源相当丰富，有着一些特有的珍稀生物。黑眼夜莺的眼部羽毛呈黑色三角形，狐蝠长着展开后可达2米的巨大翅膀，潜在海中的绿水母在暗处会发出绿色的荧光。小笠原的鱼儿是钓鱼迷们的最爱，这里有加吉鱼、鲷鱼、乌贼等，种类繁多，五花八门，能看得人眼花缭乱，运气好的话，说不定还会碰上金枪鱼，日本的钓鱼迷们经常光顾小笠原的海边，充分体会怡然的垂钓之乐。

小笠原群岛对自然生态的天然原貌十分重视，下大力气维护岛上最原始的生存环境。岛上遍布的外来树木品种——重阳木在前段时间被大规模铲除，虽然它的木质坚固耐用，但却繁殖过多，排挤了岛上固有的天然树种，导致原有的森林生态系统发生了变化，破坏了动植物的生活圈子，因此，只能舍弃，足可见小笠原群岛对生态环境的严格要求。

蓝天、碧海、白沙、飞鸟、游鱼……就在太平洋上等着你，给你带来一个最惬意浪漫的假期。

❀ 小笠原群岛有着漫长的海岸线，蓝色的海水热情地翻涌着，向游人敞开了温暖的臂膀。

✈ 搜索地标：京都

Kinkaku-ji Temple

金阁寺

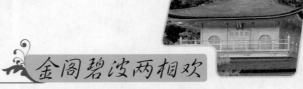

金阁碧波两相欢

金阁寺本名鹿苑寺，但因为寺院外墙全部以金箔装饰，闪闪发光，美轮美奂，故又得名金阁寺。它不仅仅是日本人心中的国宝，也是闻名遐迩的世界文化遗产，代表了那个年代庭院建筑的最高水平。

虽然日本京都金阁寺的名气在全世界都已叫得响亮，但其实这座古寺的本名叫做鹿苑寺，但因为寺院外墙全部以金箔装饰，闪闪发光，故又得名金阁寺。它是被日本人视为国宝的旅游胜地，1994年联合国教科文组织将它指定为世界文化遗产，为金阁寺的盛名之上又增添了耀眼的光芒。

金阁寺位于京都市北，是一座临济宗相国寺派的寺院，落成

❀金阁寺举世闻名。它是一座三层的楼阁，每一层都具有一种别样的特色。

往事并不如烟

于14世纪，当时是著名的幕府家族，足利第三代将军足利义满的别墅。提起足利义满的名字大家可能并不陌生，说不定马上就会想起《聪明的一休》里那位总是想捉弄一休、促狭得有些可爱的将军，想不到他也有如此豪华之大手笔，这才是历史上真实的幕府将军作风吧。足利将军去世后，金阁寺被改为禅寺"菩提所"。据说以舍利殿为中心的庭园就是极乐净土，金色的殿外墙投映在镜湖池水之中，金影荡漾于碧波之上，已成为京都最具代表性的风景。

❀ 金阁寺金光闪耀的一角。

金阁寺是一座三层的楼阁，每一层都象征着不同时代的特色。第一层叫法水院，是典型的平安时代贵族建筑风格；第二层叫潮音洞，供奉着观音神像，是镰仓时代武士的建筑风格；第三层则是仿效了中国禅宗佛殿风格的四方形佛堂。二三层的外墙全部由金箔包裹，在阳光下金碧辉煌，华丽非凡，"金阁"之名即由此而来。寺顶是宝塔状的结构，最高处装饰了一只金铜合铸的凤凰，栩栩如生，似乎随时都能展翅高飞，绝尘而去。

金阁寺矗立在镜湖池水畔，每逢晴好天气，金阁寺在阳光下熠熠生辉，在静谧之中透着高贵端庄之气，金灿灿的寺院与碧蓝色的晴空共同倒映在镜湖池一汪碧水之中，金得华丽，蓝得清

❀ 金阁寺在阳光的照耀下熠熠生辉。

澈，相映成趣，池水摇曳中金阁也跟着微晃，令人目眩神迷，叹为观止。

金阁寺是日本庭园建筑文化的杰出之作。它最出色的地方就在于将各种文化格调和谐地纳于一体——住宅式的建筑，配以佛堂式的造型，环境清幽，气氛休闲；三层结构分别是三种不同时代的不同风格，搭配起来却无任何突兀，层与层之间衔接的自然得体；禅房外贴了金箔，将所处时代的传统文化与新兴的物价文化巧妙融合，优雅且华丽，可以说代表了当时建筑与文化的最高水平，这也是金阁寺备受推崇的原因之一。由此可见足利义满将军对各种文化的借鉴和应用颇为得心应手，有着很高的艺术品位，并不是像动画片里那样，整天只惦记着找一休麻烦的人。

在欣赏金阁寺的同时，你多半也会在心里暗暗为这位将军正了名。

这座"四周明柱、墙少"的建筑物，让人联想起海面上的木船，寺顶上飞檐嶙峋，如同迎风上翘的桅杆，金凤在寺顶张望着前进的道路。下边的一池碧波则象征着大海。历经7个多世纪风浪的金阁寺，正如一艘劈波斩浪，穿越时间的苍茫大海，行驶至今的美丽的船，它还将驶向更加遥远的未来，没有尽头。

❀金阁寺最出色的地方就是其住宅式的建筑风格，并配以佛堂式的造型，环境清幽，气氛淡雅。

Toshodai-ji Temple
唐招提寺

日本佛教文化的博物馆·

唐招提寺如同吸收了中国盛唐风韵的一朵文化奇葩，饱含鉴真高僧的心血，绽放在日本的土地上，成为连接中国与日本文化的纽带，历尽岁月沧桑，容颜不改，精神不衰。

唐招提寺离我们非常遥远，隔着茫茫沧海；但它似乎又近在咫尺，汉风古韵，如梦回大唐，通往盛唐文明之路就在我们的心中。

759年，著名的高僧鉴真已经是第六次东渡日本，中华文化在日本的国土上落地生根，深刻地影响着这个正在努力吸收外来文明的国家。

鉴真大师决定仿照唐朝风格，兴建一座雄伟的佛教寺庙，进一步弘扬博大精深的佛学文化，他本人亲自主持建造工作，遗憾的是直到去世那一年，鉴真也未能等到寺院的落成。直到他去世之后的770年，唐招提寺才胜利竣工。这座带着明显的中国盛唐时期的建筑风格的建筑，既是日本佛教律宗的总寺院，同时也成为对鉴真高僧永恒的纪念。如今这座千年古刹已是日本的国宝建筑。

唐招提寺作为著名的古寺院，坐落于日本奈良西京五条街。

❀清新淡雅的荷花为唐招提寺增添了些许宁静、祥和之感。

❈ 走进唐招提寺，只见庭院幽静，亭台殿宇重重。

主要有金堂、讲堂、经藏、宝藏以及礼堂、鼓楼等建筑物。其中，金堂最大，有鉴真大师坐像。金堂、经藏、鼓楼、鉴真像等被誉为国宝。每年来此观光旅游的游客络绎不绝。

1998年，作为"古都奈良的文化财产"，唐招提寺跻身于世界文化遗产之列。

寺院的大门上书有"唐招提寺"四个红色大字，笔法秀逸，平和自然，乍一看似有中国书法大家"二王"之神韵，令人备感亲切。实际上，这是日本孝谦女皇当年模仿二王之字体所书，颇得其书法之神韵精髓。进得寺内，但见松林苍翠，庭院幽静，亭台殿宇重重。

香火最盛时，唐招提寺曾有僧徒三千，建成千余年间，经历了不断地完善和改造，将各个年代的建筑集于一体。这里有天平时代的讲堂、戒坛；奈良时代的金堂；镰仓时代的鼓楼、礼堂以及各个时期的佛像、法器和经卷，如同一座日本佛教的博物馆。尽管经过改修之后，已融进了一些日本建筑风格，连屋顶都比之前陡峭了些，但总体来看，外观仍然是气势恢宏，结构强劲有力，透着显著的中国唐朝建筑特征。

金堂是唐招提寺的主殿，正面7间，侧面4间，坐落在约1米高的石台基上，为鉴真的弟子如宝主持修建，以建筑精美著称，是天平时代最宏大美观的建筑。金堂内供奉着金色的主佛卢舍那佛像，高3.7米，是用奈良时代特有的脱乾漆建造而成的。而两侧高为5.36米的千手观音佛立像和高约2.03米的药师如来佛立像，都是木心乾漆造的，工艺精巧。此外，3尊大佛像前还有梵天、帝释天两尊小像和4尊天王的木雕像，堂内还有平安初期大日如来的木雕神像。其中，金堂、卢舍那佛像、千手观音佛像、药师如来佛像也都是日本的国宝。

讲堂位于金堂之后，面宽9间，单檐歇于山顶，建于8世纪初，本是平城宫中的朝堂，建寺时由皇家施舍，后迁入寺中，成为平城宫流传至今的唯一建筑物。

讲堂内有一尊涂漆加色的弥勒如来佛像，佛像两侧有两座小亭，外形似轿，是当年鉴真师徒讲经之地。讲堂庭院内的藏经室，至今还收藏着1200多年前鉴真自中国带去的经卷。

御影堂建于公元1688年，供奉着鉴真坐像，高2尺7寸，面向西方，双手合十，结跏趺坐，闭目含笑，双唇紧闭，表现的是鉴真763年圆寂时的姿态。这位为中日佛法交流作出了杰出贡献的高僧，面对凝结了自己毕生心血的唐招提寺今日的盛况，想必终是可以安心坐化了。现在，鉴真像已被定为国宝，每年只开放3天供人瞻仰。日本著名的画家还为御影堂绘制了60幅屏障壁画，有《云影》、《涛声》、《黄山晓云》等。

御影堂前有鉴真墓，埋葬了鉴真遗骨，四周种着来自中国的松树、桂花、牡丹、芍药、琼花等等，松柏常青，花团锦簇，将一代高僧的长眠之地围在其中，不知他可否能感受到来自大唐家乡的气息？

唐招提寺如同吸收了中国盛唐风韵的一朵文化奇葩，和这些名花异卉一样，绽放在日本的土地上，成为连接中国文化与日本文化的纽带，历尽岁月沧桑，容颜不改，精神不衰。

❀寺内悬挂着各式各样的供奉用品。

✈ 搜索地标：奈良县

Horyu-ji Temple

法隆寺

佛教历史的见证者

建于飞鸟时代的法隆寺是日本最古老的木结构建筑，它记录了佛教在日本流传兴盛的历史过程，见证了千余年来佛教流传的古老历史，被认为是日本宗教遗产的重要组成部分，足以成为后人景仰膜拜的圣堂。

飞鸟时代，著名的圣德太子在斑鸠地区兴建了斑鸠宫，又于斑鸠宫附近兴建了法隆寺。这些木制建筑物记录了佛教在日本流传兴盛的历史过程，被认为是日本宗教遗产的重要组成部分。1993年，以"法隆寺地区佛教建造物"之名义，法隆寺也因此被列为世界文化遗产。

法隆寺又称斑鸠寺，位于日本奈良生驹郡斑鸠町，占地约19公顷，是一个庞大的庙宇建筑群，由东院、西院和一些附属庙宇组成。西院保存了金堂、五重塔，东院有梦殿等建筑。寺内珍藏着自飞鸟时代以来的众多文物珍宝，有17座被指定为国宝的建筑物，是佛教艺术的一大宝库。

法隆寺最古老的建筑诞生于7世纪，但这部分现存的只剩下一座三层的宝塔，孤零零地矗立着，见证了日本佛教千余年风雨飘

❋法隆寺整个寺庙全部用木料建成，据说这是日本最古老的木结构建筑。

❋法隆寺的样式受中国南北朝建筑风格影响很大，是所谓"飞鸟样式"的代表。

摇的动荡历史。西院和东院建立于8世纪至13世纪之间，附属庙宇的时间更晚些，落成于12世纪。

法隆寺东院是在圣德太子居住的斑鸠宫遗迹上建立的，以八角圆堂梦殿为中心，四周环绕回廊。梦殿曾是圣德太子居住的地方，现在安置着一座观世音菩萨立像。中宫寺内珍藏的一尊木刻弥勒佛像是日本木刻艺术的登峰造极之作。西院右为金堂，左为五重塔，外围是"凸"字形的回廊。五重塔历史悠久，金堂内供奉着中国北魏风格的释迦牟尼青铜佛像、药师如来像，这是日本现存的最古老的佛像。中门门柱上有外曲线形成的花纹，这是仿西方建筑的艺术特色。不同艺术风格的统一，正是在那个时代，日本兼收并蓄，学习东西方优秀艺术文明的成果。

任何一种文明的推广，都需要先驱者的推动。佛教自中国传入日本，历经波折，终于落地生根，离不开法隆寺的主人——圣德太子的促进作用。法隆寺兴建的年代，正是佛教刚刚进入日本的关键时期。寺名法隆，也是含着希望佛法兴旺昌隆的意思。圣德太子是历史上著名的佛教支持者，他铲除了各派异己势力，成功地立佛教为国教，为日本佛教文化的繁荣兴盛做出了极大的贡献。

所以对于日本的佛教信徒，法隆寺有着不可取代的纪念意义，它的珍贵价值已经无法估量，今人将其当做圣堂一样虔诚地膜拜着，在缭绕的香火中追忆那段远去的历史。

❈法隆寺的大讲堂外观，宏大而宁静，它是所有佛教信徒顶礼膜拜之圣地。

往事并不如烟

Himeji Castle

姬路城

·展翅飞翔的白鹭

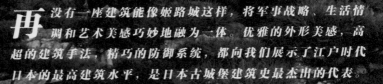

再没有一座建筑能像姬路城这样，将军事战略、生活情调和艺术美感巧妙地融为一体。优雅的外形美感，高超的建筑手法，精巧的防御系统，都向我们展示了江户时代日本的最高建筑水平，是日本古城堡建筑史最杰出的代表。

❀ 出于防火需要，姬路城外部墙壁都涂了白色的灰浆，因此远远望去通体洁白。

"**姬**路"在日语中是"蚕茧"的意思。姬路城所邻的姬山、鹭山两座山冈酷似蚕茧的形状，故由形得名，沿城方圆一带被人们称为"姬路"。

姬路城是一座日本著名的古城堡，坐落于本州兵库县姬路市的姬山之巅。远远望去，姬路城通体洁白，耸立在姬山之上，被郁郁葱葱的树木掩映着，像一只优美高雅的白鹭，层层飞檐蜿蜒起伏，如白鹭展翅欲飞，高傲的身姿卓然不群。

在群雄割据的战争年代，各路诸侯为了加强防御，纷纷大兴土木，修建城堡。在现存的这些古代城堡中，姬路城是保存最完好、规模最宏大、风格最典雅的一座，在技术和艺术上都具有极强的代表性。它的内部包括83座建筑物，拥有高度发达的防御系统和设计精巧的防护装置，体现了幕府时代日本高超的建筑和战略防御技能。了解姬路城的历史，可以让我们更深刻地理解那个时代的封建文化。如今大部分的建筑物都已被视做日本国宝，1993年，姬路城成为日本首个被登录为世界文化遗产的历史古迹。

由于姬山位于兵库县南部的交通要塞，自古就已有军队驻扎，1346年开始在此修建城堡。1580年，著名的丰臣秀吉成为这块土地的主人，正是他下令建造了最雄伟的望楼"天守阁"，姬路城已初步具备今日的轮廓。1681年，德川幕府重建城堡并扩大成今日的规模。在当时这真是一件耗时耗力的浩大工程。城堡的总占地面积约230万平方米，耗费了387吨木材，7万5千块瓷砖，总重达3000多吨，寻找大量每块重约1吨的巨大石块成了一项相当困难的工作。但姬路城最终还是矗立起来了，建成后300余年的时间里，先后有13个家族入住于此。

姬路城外形优美雅致，带着日式城堡特有的静谧之美，其实它并非像外表上看上去的那般柔弱。内里结构严密，固若金汤，精心设计的战略防御工事如一道道坚固的屏障，拒敌于千里之外。

❀坐落在姬路城畔的好古园，也是来姬路城赏玩的游人不可错过之处。

姬路城的城边筑有壕沟和石垣，固守着城堡，外敌无法轻易进入。石垣呈陡斜状的扇形斜坡，上部向外翘出，让人难以攀登。城内采用的是三重螺旋状结构，构思独特巧妙，将城主居所、武士居所、外围工事严格地划分开来，这种构思在整个日本只有姬路城和江户城可以看到。各建筑的屋顶绵延相连，一望无边，城郭间设置了大门和瞭望塔，城墙和瞭望塔上开有小孔，以便射箭打枪。

内庭的道路百转千回，曲曲折折，让人好像掉入了迷魂阵，辨不清方向，即使很短的

※春日里，通往古城的石阶两旁樱花盛开，洁白的山墙与粉红的花树相映衬，构成了一种优美的色彩平衡。

道路也要耗费相当长的时间。但是从顶楼瞭望却可以看得清清楚楚，一目了然。每座建筑的屋顶上都挂着巨大华丽的鱼形装饰，这是专为防火之用的辟邪物——对于以木料为主体构造的姬路城来说，防火乃是头等的大事。

天守阁傲然屹立于城的正中央，这是一座外观5层、在姬路城中海拔最高的建筑。在主楼的四角紧密依附着四座小城楼，每座都呈正方形，但统一之中又富含变化，五座城郭被独特的系列防御墙巧妙地连为一体，高低不一，错落有致，给人以宁静雅致之感，屋顶飞檐四方漫射，从静态中又透出动态之美。

姬路城的城郭下宽上窄，这种构造可以有效地防止地震的破坏以及敌人爬墙攻城，守城一方占据了极为有利的战场位置，攻城一方只能长时间的暴露在敌人的监视和武力之下。在姬路城中，军事战略、生活情调和艺术美感被巧妙地融为一体，互不影响，互不矛盾，满足了各方面的需要，这在日本的建筑史上是个杰出的创举，它代表了江户时代日本最高等级的建筑水平，为后世留下了一座不朽的文化遗产。

江户时代，烽烟渐息，姬路城里的防御工事从来未曾真正的在战斗中投入使用，对姬路城和日本历史而言，也许这该是庆幸大过遗憾。

尽管如此，它的匠心独运依旧给人以难以磨灭的印象。经历几百年风雨的姬路城，正像一只未染过俗尘的白鹭，沧桑之中依旧保持着自己的纯净与高傲，遗世而独立。

※昂首伫立在姬路城中的天守阁，在华丽夜灯的照耀下，气势磅礴，令人敬畏。

搜索地标：广岛 ✈

往事并不如烟

Itsukushima Shrine

严岛神社

茫茫海上有仙山

自古以来，景色秀美的严岛就被认为是充满灵气、有神明居住的岛屿，所以人们建起严岛神社，用来供奉和崇拜。海面上突然跃出的朱红色鸟居，便是人与神的结界之门，它静默地存在却似一种无声召唤，等待你去跨越。

坐船行驶在茫茫的日本海上，满眼的海天一色，灰蒙蒙地令人倦怠。突然，一个高高的朱红色牌楼跃入眼帘，廊柱宏伟，飞檐陡峭，背后是一片若隐若现的岛屿，似突然蹦出来的海市蜃楼一般如梦如幻，惊心动魄，让人疑心是不是到了传说中的海上仙山？

这可不是虚幻的海市蜃楼，它正是日本最著名、最华丽的海

❋ 严岛神社标志性的朱红色牌楼高达17米，它也是日本现存最大的鸟居。

上仙境——严岛神社，是所有日本人心中一个极为神圣的场所。

❋ 在严岛神社东侧相邻而建的五重塔，朱红色的塔身与朱红色的神社建筑相映成趣，是严岛上另一处美轮美奂的景观。

严岛神社位于广岛市的严岛之上，需要转乘渡船才能到达。因为地理位置独特，景观空灵秀美，在善搞神明崇拜的日本人心中，严岛自古以来就被认为是充满灵气、有神明居住的岛屿。故遵循旧习，在严岛上建起了严岛神社。最早的创建时间已无据可查，据传说是在推古天皇登基元年所建。811年，严岛神社首次被列入日本历史，收录在著名神社的名录之中。平清盛时代，严岛神社的规模进一步扩大，陆续的又修缮了内部建筑，成为平氏一族祭拜祖先神灵的场所。由于平家势力日益扩大，严岛神社在贵族圈子中盛名远播，香火鼎盛，甚至有京都的皇亲贵族跨海来此参拜。严岛神社著名的舞乐表演就是从这段时期开始的，当时流行的平安文化慢慢地被引入。平家灭亡之后，取而代之的源氏族人依旧将严岛神社视为神明所在，赐予非常优厚的待遇，严岛神社得以一直繁荣昌隆。等到丰臣秀吉夺得天下之后，便大兴土木，重新修建此社，这就是今日我们看到的严岛神社的模样。江户时代以后，明治政府与广岛当地对严岛神社加以大力的支持和保护，前来神社参拜的信徒络绎不绝，现在严岛神社已经成为日本国内最重要、最知名的观光景点之一。神社内收藏了许多国宝级的文物珍品，1996年，它与神社后方弥山上的原始林区双双被列入《世界遗产名录》之中。

神社的鸟居矗立在海水之中，它便是海上来客第一眼望到的、疑心为海市蜃楼的朱红色牌楼。这华丽宏伟的建筑俨然已经成为日本最知名的海上地标，也是日本神社文化的表征。它的水上部分由树龄约400年的樟木制成，水下部分则选用了不易腐烂的楠木，虽长时间浸泡在海水中也不会腐朽。每到涨潮的时候，海水翻涌在鸟居底部，朱红色的鸟居便如同一座正要扬帆远航的巨船，搭载游人穿过结界，直达神明居所。而落潮之后，海水褪去，鸟居的柱子便会完全露在海滩之上，游人来到近前就可以看

❋ 游客在神社里虔诚地祈祷。

到鸟居全貌，相比从远处眺望水中英姿，近在咫尺的大鸟居给人以截然不同的感受，恍惚间分不清是幻是真。

严岛神社因傍海而建，很容易受到海风海浪的冲击。而古代的建筑师早已在这方面做了充足的准备，用巧夺天工的设计——化解了自然的挑战。正殿之外的地板并未深埋，而是放在支撑木地板的支柱上，每当风浪来袭，木板跟着漂浮移动，化解了冲击的力道。木板之间还留有细细的缝隙，海浪从缝隙之间泻出，也被化解了部分力量。这些巧妙的结构使得风浪到达正殿前力量已经衰退，无法破坏。正是先人的古老智慧保护了他们心目中的神祇，严岛神社历经千年风浪，却依旧完好无损。

严岛还有一个奇怪的规矩：这是一个拒绝出生和死亡的小岛，生与死的过程不可以在这个神圣之地上演。日本人不愿用污秽和绝望沾染了岛之灵气，一颗向神的心极为虔诚。

或许你我并没有如此根深蒂固地信仰和寄托，但严岛神社的美景仍是有一种震撼人心的力量，那是属于人类普遍精神享受的范畴，超越了信仰之上，深深印在我们每个人心中。

❀ 黑瓦、红柱、白墙，神殿宛如漂浮在严岛水面之上，外形静美，还蕴含着一种宗教仪式的庄严在其中，将随和与端庄之美完美地结合在一起。

*K*amakura
镰仓 ·幕府的开始与终结

虽然只是海边不起眼的小城，镰仓却是日本的三大古都之一。它代表着一场开天辟地的传奇，幕府的时代曾经在此拉开大幕。幕府的印记与这个城市密不可分的融为一体，给今日镰仓的静谧增添了几分空明的睿智。

镰仓之于日本，并不仅仅是一个地名，还代表了一场传奇，菊花古剑，战国硝烟，幕府的时代就在此拉开帷幕。

镰仓与京都和奈良并列，是日本的三大古都，在日本历史上具有重要的意义。与另外两个国际化的都市相比，镰仓不过是神奈川县海边的一座小城，处处透着过尽千帆的淡然与安静。小城的车站很朴素，设备简单，铁轨与街道很近的平行着，一直延伸向远方，依稀能看见海的模样。镰仓三面环山，只有东面临海，海岸线绵长，近海海面上还有一个名叫江之岛的小型海岛，地理条件优越，尤其是在兵戎相见的时代，易守难攻，正是得天独厚的条件决定了它绝不会沉寂，终将在历史舞台上粉墨登场。

12世纪末，以源赖朝为代表的源家势力击败了贵族阶级的实权派平清盛一族，成为日本实际的掌权者，在镰仓建立了以武士阶级为核心的镰仓幕府，镰仓成为中世纪初期的政治中心。多年以后从历史的角度回首望去，才会发现这并不是一次简单的江山易主，朝代更迭。镰仓幕府的成立意味着天皇从此成为国家的傀儡，贵族时代地位相当低下的武士打了个翻身仗，将这个国家牢牢地控制在手中。尽管源家的统治也没能逃过历史车轮的滚滚前行，并未持续太长的时间，幕府大权在不同的武士家族中多次易手，但幕府作为一种新型的、独特的统治形式却在日本持续下来，镰仓作为幕府的中心得到了迅速的发展，但也随着幕府的灭亡而衰落，可谓成也萧何，败也萧何。一出热闹的大戏落幕了，戏台复归冷清，但那繁华过后的遗迹犹在，与这个城市密不可分的融为一体，所以镰仓的静谧已经多了一份沧海桑田的历练，在沉静中透出古老的睿智。

除了幕府的建筑、武士的宅邸，镰仓还曾建有众多神社和寺院，盛极一时。自北镰仓站向镰仓站出发，一路上便可以逛遍久负盛名的镰仓古街。一列列和式小庭院古朴中带着温馨；高德院的镰仓大佛高大宏伟，现在已成为日本的国宝之一；明月院又称紫阳花寺，这里不但有盛开在6月的灿烂的紫阳花，还号称是全日本最佳的赏月地点，故此得了这清幽风雅之名。在日本的风景明信片中，这是可以与富士山并列的美景之一。

没有高楼大厦，灯红酒绿，在海边展开一道最朴实的风景，褪去昔日千般颜色，敛眉低目地生活着，今日的镰仓犹能体会素面朝天的独特魅力。

❋ 镰仓的报国寺，又称"竹之寺"，正是因这寺庙正殿后的大片竹林而闻名遐迩。

❋ 明月院中盛开着的紫阳花。

搜索地标：岐阜县

田园牧歌

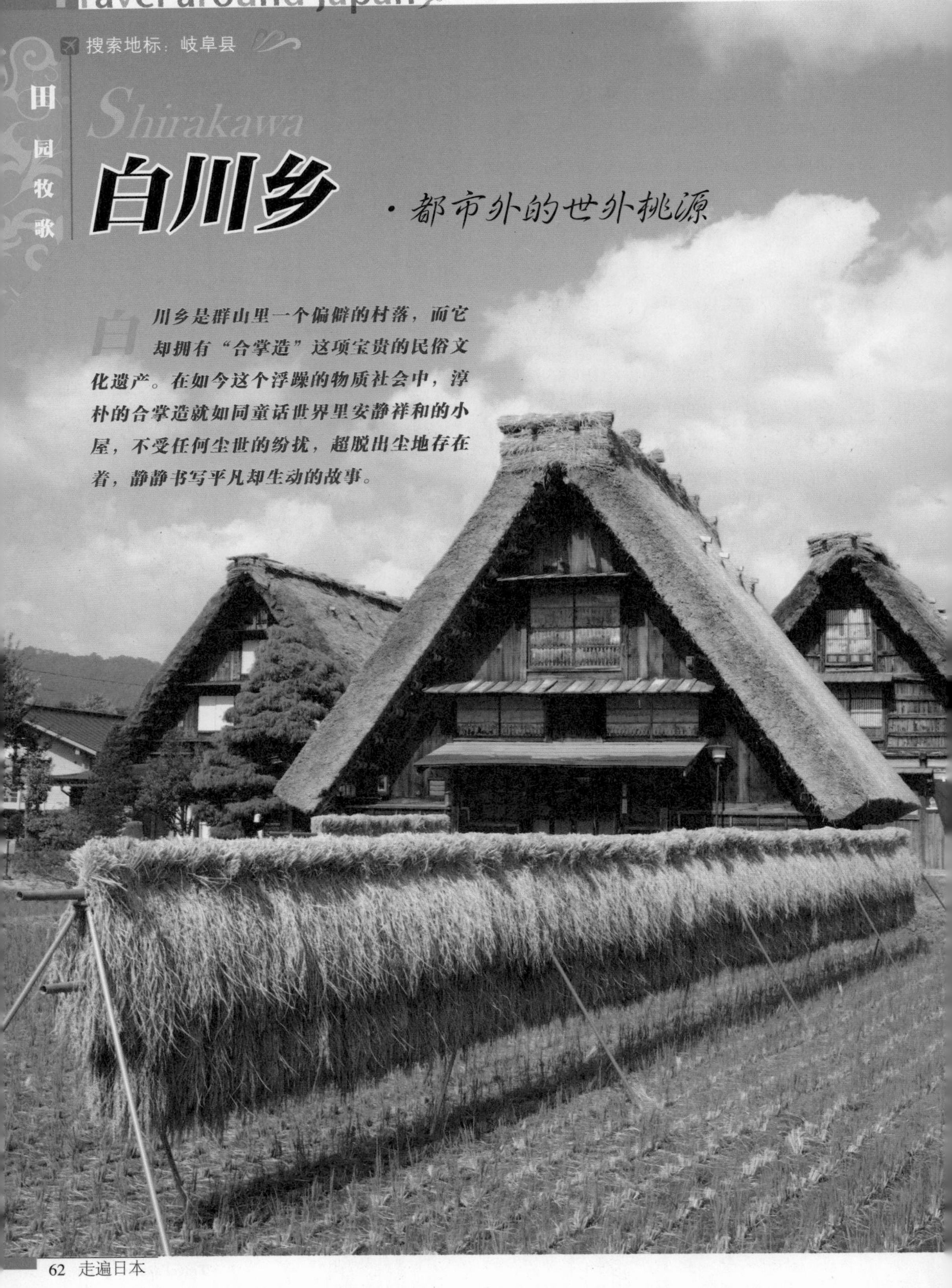

Shirakawa

白川乡

· 都市外的世外桃源

白 川乡是群山里一个偏僻的村落，而它却拥有"合掌造"这项宝贵的民俗文化遗产。在如今这个浮躁的物质社会中，淳朴的合掌造就如同童话世界里安静祥和的小屋，不受任何尘世的纷扰，超脱出尘地存在着，静静书写平凡却生动的故事。

　　在日本这样一个繁荣发达的国家里，白川乡这般简单原始、民风淳朴的安静山村就如一个静谧的奇迹所在。

　　白川乡位于岐阜县西北部的白山山麓，是一个很小的村子，四面环山，水田纵横，一条名叫庄川的河流自南向北穿村而过，景致虽简单，却也是山明水秀，清新怡人。被紧张的都市节奏压得喘不过气的现代人，反而更喜欢选择这种远离喧嚣的田园村落，洗涤迷乱的心灵，好好欣赏一下不食人间烟火的大自然，体会数百年来风俗民情、平凡百姓的智慧结晶。

　　想要去白川乡还颇费周折，虽然日本的交通系统四通八达，白川乡却连火车都不曾开通，与外界联系十分稀少，由于进出困难，曾被称为"日本最后一块未开发的区域"。想要观赏这个深山里的小小村庄，只能先在名古屋坐长途汽车，前半程还是现代化的高速公路，后边就进入崎岖狭窄的山路了。好在这一路的山景令人耳目一新，山间一簇簇野花盛开，五彩缤纷，大片的野草在山路两边延伸开去，路边高高的芦苇在风中轻轻地摇曳，将人的心也带的蠢蠢欲动起来，对白川乡多了几分好奇与期待。

　　经过漫漫长路的颠簸之后，白川乡终于近在眼前。四周是绵延的群山，山中有个低洼的盆地，白川乡就坐落在这里。可不要小看这一片简单的民宅，它就是白川乡最著名的人文景观，一种独特的农舍建筑——合掌造。

　　合掌造是白川乡特有的农舍建筑，它的形成与当地的气候和地理条件都有关系。它比一般的民宅要大，是纯粹的木制建筑，以茅草覆盖的屋顶呈人字形，让人想起佛教徒祷告时双手合十的样子，于是被形象地称为"合掌"。每隔三四十年，合掌造屋顶老朽的茅草就必须换掉，每次更换茅草都需要大量的人力，故每当有哪家需要翻修屋顶时，必是全村的人同心协力一起完成，这种合作方式成为"结"，充分体现了这个小村子里的村民们团结一心、互帮互助的精神。在这个人心不古的物质社会里，如此淳朴和谐的民风实在是令人感动。

　　无论从结构、建筑方法还是内部空间的使用方式来看，这看似简陋的农舍都是日本木结构房屋的典范之作，凝结着日本民众无穷的智慧。茅草屋顶冬暖夏凉，朝东西向而

❀站在半山腰放眼望去，星星点点分布着的全是茅草覆盖的人字形屋顶，古老的仿佛时光逆流，世界瞬间褪去了物质文明的外衣。

❋合掌屋全靠人力兴建，不需一根钉子，只靠木梁和绳索支撑，却十分的牢固。

建，可以得到阳光的均匀照射，也能避免台风季节时南北向的强风侵袭，宽敞的阁楼还可以用来养蚕，既美观又实用。如此精心的设计，面面俱到的安排，使得这小木屋虽经百年的风雨侵袭，却依然屹立不倒。

相传合掌造发明于13世纪，在源平战役中战败的源氏家族躲进深山，为了御寒安身，躲避追兵，才盖起了这种结实耐用的小屋。落魄中的幕府贵族反而给世人创造出了最珍贵的文化遗产。目前保存下来的合掌造建于江户时代中后期，但也仅有很少的一部分，愈发珍贵，全部集中在白川乡一带。一位德国的建筑学者发现了这种日本传统民居，大为惊艳，将其介绍给了全世界。从此人们争相奔赴这个偏僻的山村，观赏合掌造的精妙与神奇。1996年，白川乡被指定为世界文化遗产。

为了更好地保存并宣传民族遗产合掌造，白川乡建起了一座"合掌造民家园"，将25栋在白川乡各地使用过的合掌造房屋集中移建于此，游人们在此可以沿梯而上，由外至内仔细地参观民宅。

合掌造通常有四五层高，麻雀虽小，五脏俱全，格局与设施都非常完善。一楼是起居室，二楼为储藏室，阁楼养蚕织布——白川乡的村民们至今仍以这种简单的劳作为生。每一层都陈设了当地人的生活用品、耕作农具等，仿佛昔日男耕女织的情景再现。谁又能知道在那个遥远的时代里，这些小小木屋曾经发生多少温馨的过往？妻子在这里期盼着丈夫归来，孩子在这里扑向母亲的怀抱，每一个合掌造，藏的都是属于寻常百姓的一段历史，于历史长河而言毫不起眼，于他们自己而言却是整个的世界。

❋很多人到白川乡都并不只是为了参观，而是会选择在白川乡的民宿中住上一天，体验小村子里的传统生活。

登上荻町城的展望台，便可以俯瞰白川乡的村落风光。高大的柿子树散落在屋与屋之间，翠绿的草坪像一块大地毯向着远方延伸而去，芳草地上，大大小小的合掌造排列的十分整齐，如同童话世界里安静祥和的小屋，不受任何尘世的纷扰，超脱出尘地存在着，静静书写平凡却生动的故事。

合掌造民家园仿照古代农村的模样，建有寺庙、马厩、水车屋、烧炭屋等建筑，将人带入了遥远的江户时代，游人可以欣赏到村民们一起更换屋顶茅草的壮观场面，为他们质朴的劳动热情所感染。秋天，这里会举办浊酒节，村民们给客人们奉上一盏混有米饭的白浊酒，大家在面积不大的和室里围着暖洋洋的炉火吃晚餐，别有一番风味。

古老的合掌造已经不仅仅是一种建筑风格，它还代表了一种简单纯粹的生活方式，而那正是工于名利的现代人内心所缺失的，所以便不难理解合掌造带给我们的心灵震撼。多想在村庄最美的冬季去住上一晚，窗外厚厚的大雪封山，屋内却暖暖的春意盎然，与你把酒言欢，相视而笑，做一场浪漫田园故事的主角。

❋合掌造的尖顶极为陡峭，其实也是为了避免冬季的暴雪将屋顶压垮，所以才采用了这种便于积雪滑落的样式，缓解狂风和暴雪带来的压力。

搜索地标：神奈川县

田园牧歌

Hakone

箱根

· 温柔温泉乡

几十万年之前的火山运动造就了这里众多的温泉。早在战国时代，箱根就已经被开发为著名的温泉疗养胜地，丰臣秀吉的慧眼独具使得箱根开始变得繁华起来。如今的箱根翠峰围绕，溪水潺潺，不但可以舒适地泡温泉，还能远远眺望富士山的雄伟身姿，一举两得，身心愉悦。

秋季刚刚来临的时候，电视里便已经反复播放着有关箱根的节目了，满山的红叶令人心驰神往，但更吸引人的还是箱根的温泉。箱根温泉在日本久负盛名，不但可以舒适泡温泉，还能看到远处巍峨的富士山，一举两得，身心愉悦。

箱根位于日本神奈川县，属于面积广阔的富士箱根伊豆国立公园，是神奈川丰富的旅游资源之一。在大约40万年前，这里还是一处熔岩飞溅、烟柱冲天的火山口。火山运动平息之后，这片区域便形成了山川、流水、湖泊交相辉映的自然景观。战国时代就已被开发为著名的温泉疗养胜地。当年丰臣秀吉攻打小田原时，曾下令在箱根建造一座岩矿浴场，让部下泡温泉解乏，从此箱根声名大噪，变得越来越繁华。如今的箱根早已是旧貌换新颜，到处翠峰围绕，溪水潺潺，温泉资源丰富，景色十分秀丽，吸引了终年来来往往、络绎不绝的游客。

箱根最具代表性的景观之一——大涌谷，是当年火山运动留下的火山口遗迹。火山爆发时巨大的威力令古人感到恐惧，他们称火山口为"大地狱"，连地上翻涌而出的泉水都带着毒气，如同阿鼻地狱般恐怖。1876年明治天皇来此参观，此处方换了一个柔和的名字——大涌谷。它的特别之处，就在于在绿树茵茵的箱根地区，唯有这里山岩裸露，寸草不生，岩缝间终日缭绕着雾气腾腾的地热蒸汽。地表龟裂的缝隙内，喷出大量的硫黄烟气，味道刺鼻，将谷中泉水烧得沸腾滚烫，令人深深感受到地球生命运动的伟大与壮观。现在这里每天依旧源源不断地涌出水蒸气和火山瓦斯，若自缆车上向下望去，水雾遇冷全部成了白烟，脚下烟雾缭绕，但却无法让人联想到云蒸霞蔚的仙境，只能想起地狱中的大熔炉。自旅游散步路登顶大约需要30分钟，稍微走近一些便可闻到难闻的硫黄气息，脚下的火山似乎在微微颤抖，随时都会运动。山顶上有用火山温泉水煮熟的"黑鸡蛋"，据说吃一个便可长寿7年。大涌谷附近设有自然科学馆，以实

❋ 富士山秀丽的身影倒映湖中，如梦似幻。

物、模型及幻灯片的方式，生动地讲解了箱根的自然景色。

　　1000多米的高空，风在耳边呼啸，吹得人有些站立不稳。身处大涌谷山顶，可以眺望到远处富士山的雄伟身姿，富士山优雅的白雪穹顶神奇地呈现于眼前，毫无遮挡，视线清晰，只是因为云雾的关系有略微的朦胧之感，反而增加了它的神秘与庄严。时不时有空中的缆车掠过，在富士山的映衬下变得如同沧海一粟般渺小，孤单单地缓缓划过，只留下一个背影给身后的世界。

　　箱根外轮山的绿草花木环绕着的是一个火山湖——芦之湖，它是箱根旅游的核心区域，同大涌谷一样，也是由火山运动而成，面积有7平方千米，湖岸线长达20千米，湖水常年冲刷着河谷，造就了箱根最迷人的旅游景点之一。芦之湖背靠富士山，山水相映，环湖种植着苍松翠柏，绿意盎然，景致怡人。芦之湖的水清澈湛蓝，天气晴朗时，在湖边也可以望到富士山——在箱根这个地方，富士山似乎随处可见。更为神奇的是，蓝盈盈的湖水之中清晰地倒映出富士山的雄姿，美不胜收，有诗赞曰"玉扇倒悬东海天"，是日本百大风光之一。

芦之湖中盛产黑鲈鱼和鳟鱼，因此泛舟垂钓便成了来箱根旅游的重要项目之一。湖北岸有两个幽静的小镇，在此可以搭乘游湖的观光船，在湖面上欣赏箱根富士的美景。芦之湖的渡船很别致，叫"海盗船"，装饰得古色古香，配以海盗的标识，如同领你进行一场古之航海遨游。在海拔700多米的海面上，风依旧猛烈呼啸着，湖水难以平静，泛起波澜，船身微微摇晃着。站在船头，体会着古代海盗的征服感，勇往直前，劈波斩浪，水流被船头劈开一道水印，时光在历史的河流上也留下了如此鲜明的痕迹。究竟我从何而来，又去向何方？远处的富士山洁白美丽，那里可是我海上漂流的尽头？

芦之湖东岸的箱根关所是一座木造的平房，面积198平方米，这是江户时代幕府设置的关卡。在关所内陈列着当时平民所用的"身份证"，捕快用的短枪、长刀等一千多件文物，当年关所检查人员的塑像被立在屋内，栩栩如生，如今也是重点保护文物。身在箱根，能看到许多类似的博物馆、纪念地，让人领略到旧日的风物文化，感受箱根浓浓的人文历史气息。

箱根最久负盛名的当然还要数温泉了。"箱根七汤"指的是箱根地区最著名的7个温泉，都是疗养休闲的场所。火山爆发后，大量的降雨渗透至地下，与岩浆融合，形成了富含多种矿物质的箱根温泉。这里的温泉水质优良，水量大，水温也高，极为日本人所喜爱。小涌泉一带是温泉旅馆集中的地段，他们陪伴着箱根一起度过了或动荡或平静的岁月，无论世界如何变化，这里确是一如既往的平静，丝毫不受影响，仿佛世外一个超然的桃源。另一处景色"箱根八里"指的是从小田原经芦之湖，到三岛的这八里路段。沿途风景优美，绿树苍翠，山路以石板铺就而成，古朴典雅，颇具怀旧气息，踩在上面感受着纯美的田园风光，吐纳着清新的乡间空气，说不尽的神清气爽。

一年四季的箱根都有着不同的风景。春日里樱花绽放，在樱花树下泡着温泉，落英缤纷，既优雅又惬意。夏季，芦之湖湖畔各色鲜花绽放，形成一片斑斓的花海。秋冬交替之时，漫山蒲苇轻扬，将整个箱根渲染的浪漫飘逸。

也许是为了富士山，也许是为了温泉，也许是为了那旖旎的水天一色，总之箱根绝对值得你为之停留。

❋ 箱根登山铁路是箱根的一段非常著名的景区。这段路线内风景优美，夹道绣球花开遍，也因此被称为"绣球花列车"。

❋ 大涌谷是箱根最著名的旅游景点之一。箱根四处都有绿树环抱，唯独大涌谷山岩裸露，腾腾的蒸汽涌出地表，景象极其壮观。

✈ 搜索地标：大分县

田园牧歌

Beppu
别府

温泉之乡

无数次的火山运动造就了别府这座著名的温泉城市。即使在温泉资源几乎是遍地可寻的日本，别府温泉的泉眼之多，水量之大，矿物质之丰富也是首屈一指的。无论是八大名汤的舒适轻柔，还是八大地狱的惊心动魄，都令别府温泉之旅更为深刻难忘。

❄ 站在高处俯望，海边山区的别府腾起缕缕烟雾，在暮色中似真似幻，令人一见而难忘。

别府的夜是静寂无声的，像一出黑白的老式影片，但平静的气氛中承载的是暗流涌动，正如缓缓流淌的温泉水，底下滚沸着热腾腾的气泡。温泉旅馆灯火通明，雾气昭昭，偶尔能看到人影的晃动，淡淡的硫黄气味弥漫四下，雾气深处，不知道还有多少人正在享受一池温泉汤，舒服的不愿睡去。

别府位于九州岛东北部，背靠鹤见火山群，火山如一道雄伟的屏风，面向大海伸展开来。无数次的火山运动造就了这座著名的温泉城市。别府充分地享受着地球的恩惠。

早在8世纪初，就已有颂扬别府温泉的文字记载，随着历史的推移，别府温泉渐渐驰名整个日本，成为国人偏爱的疗养休息之所。

在通往别府的路上，便可看到海边山区升起的袅袅白雾，如寻常乡间傍晚时分的炊烟，一种朦胧神秘的美。别府市内，路边随处可见轻烟缭绕。全市温泉眼接近3000余处，一日涌出量逼近13万公升，

有"泉都"的美称。其中最具代表性的是八处名汤，分别是别府、柴石、龟川、明矾、铁轮、堀田、滨胁和观海寺温泉。各处的泉水分别有不同的水质，迥异的疗效，各具特色，也各有其针对性。

※ 即使在温泉资源几乎遍地可寻的日本，别府温泉的泉眼之多，水量之大，矿物质之丰富也是首屈一指。

别府温泉种类极为繁多，据说全世界有11个温泉品种，别府至少已包揽其十，绝对的大手笔。别府的温泉不仅仅是供人泡汤，另有一种温泉，虽不能泡，却是十分别致，令人过目难忘。

如果"八大名汤"给予人的是轻柔的抚慰，那么别府温泉之旅的另一个精彩内容——别府八地狱，带来的则是感官的刺激与心灵的震撼。

烟雾蒸腾的热气，沸腾滚滚的热汤，团团飞溅的热泥，炙烤着人体内的每一滴水分，水温高达100℃，散发着刺鼻的硫黄气味，比地狱里的热锅还要恐怖，让人望而生畏，无法接近。这便是别府人口中的"地狱"——一种不能浸泡，却可以药用兼观赏的温泉。

※ 格调雅致的温泉旅馆，对于远道而来的游人来说，淡雅中洋溢着一种"家"的温馨与浪漫。

别府人深深懂得如何充分利用这天赐的资源，从昭和年代开始，便将这种有些骇人的"地狱温泉"包装成了各式各样的观光景点，地狱探秘的刺激之旅极大满足了人们的猎奇心理，直到今日，著名的"别府八地狱"景点仍然广受欢迎。

别府八地狱并非都是面目狰狞，但这或许正是地狱的最可怕之处，用沉静斯文的外表掩盖了暗藏的恐怖。"海地狱"常年高温，富含硫黄铁的泉水在阳光下闪耀着宝石般的湛蓝；"鬼石坊地狱"泥浆翻滚，汩汩有声，从中间冒起浅灰色的小泡，向外

❀春日，莹绿的池水仿佛一块巨大的翡翠。此刻的别府显示出一种恬然的气息。

扩散，似乎马上就要有地下的恶鬼随着蹿出来；"血池地狱"喷涌着红色的雾气，满池水色鲜红，乍一看还真像地狱里的血池；"白池地狱"无色透明，宁静无波；"龙卷地狱"是别府市指定的天然纪念物，以间歇泉而闻名，是世界间歇泉中喷涌间隔时间最短的温泉。八大地狱千姿百态，惊心动魄，来别府不可不体验这别出心裁的地狱之旅，在地狱里走过这一遭，方能更为珍惜销魂的泡温泉时刻。

温泉已经成为别府的标志，别府人用管道便能引来温泉水，在家里尽情享受温泉。对于远路而来的游人来说，"家"的温馨之感来自于夜色里那些还亮着灯光的日式温泉旅馆。橘黄的光打在白色的雾上，如一场异国的梦境，渲染着迷离的色彩。月色东升，夜幕低垂，只有那露天的沐浴最让人割舍不下，一场涤荡心灵的温泉朝圣，不过才刚刚开始。

搜索地标：栃木县 ✈

Nikko 日光

田园牧歌

日光般的温馨与幸福·

不到日光，休言最好。日光小城以庄严的历史遗迹，精美的雕刻艺术和秀美的秋日景色驰名海外，自然风光与人文古迹完美交叠，如同它动听的名字一样，赋予人的是暖暖的温馨与幸福。

提起日本的寺庙古迹，并不是只有大名鼎鼎的京都做代表，东京西北部那个宁静的小镇同样能让你领略日本的古风盎然，怀古之旅清雅温馨，一如小镇的名字——日光。

日本当地流传着一种说法——"不到日光不尽兴"，可见日本人对于日光的极度推崇。这个有着动听名字的城市以庄严的历史遗迹、精美的雕刻艺术和秀美的秋日景色驰名海外，自然风光与人文古迹完美交叠，引得众多海外游客纷至沓来，面积不大的日光成为一座国际观光城市。

日光最有名的建筑便是东照宫，它是德川幕府初代大将军德川家康安息的陵寝。德川家后代选定了这片远离都城江户、曾经被他自己征服过的土地作为家庙，祭祀伟大的先祖，整整花费了12年时间才完全落成。由于地处偏僻，避开了江户这个政治纷争的中心，也躲过了乱世的战火喧嚣，400余年来，它静静地矗立

❋全日本有很多东照宫，唯有日光的才是本社。

在首都的西北角，看着江户成了东京，世界换了人间，唯有它与世无争，虽沾了风霜，却还不改旧时模样。只要看到那些复杂的建筑结构，花样繁多的雕刻图案，便会觉得日光之旅果然不虚此行，不要说一个阳明门便已引得人日暮迟归，当日本艺术的巅峰之作如此华美地呈现于眼前时，无论花上多少时间流连忘返都不为过。

东照宫与轮王寺及二荒山神社毗邻，并称为日光的"二社一寺"，以这3座古迹为主的建筑群落被指定为日本国内的第十个世界遗产，又称为"日光社寺"。日光社寺坐落在山林间，周边的自然环境极为清新优美，幽静的石板路串起条条林间小道，两旁的大树郁郁葱葱，将各处古迹完好地隐藏在一片碧色当中，更为突出了日本古建筑的精巧细致之风。观者很容易便能静下心来，怀着恭敬之情去欣赏先人的智慧，体味历史的伟大。

❀江户村是一处再现江户时代文化的主题公园。公园内按照当时的样式再现了街道、房屋、关卡，令游人感到仿佛时光瞬间倒流回了江户时代。

若说日光社寺是日光人文风貌的杰出代表，那么中禅寺湖则是最能完美诠释日光的自然风景。它1200米的海拔号称日本第一，是一个火山喷发后形成的高山湖泊。来到这里的人，无不惊艳于其比天空还要湛蓝明净的一汪湖水，广阔的湖面像一枚硕大的蓝宝石，晶莹剔透，不含杂质，平静无波，镶嵌在群山之中，周围高山随季节变换着颜色，或白雪皑皑，或红叶如火，或峻岭叠翠，灿灿艳阳下山水相映，美不胜收，如童话故事般美丽神奇，难怪众多的日本电影都选此地来拍摄外景，让自己的爱情故事有一个最浪漫优雅的承载地。

来到日光，在遍赏风景名胜之后，至少要停留一个夜晚，把满身的疲惫与静谧的夜色统统留给鬼怒川的温泉街。走得累了，怎能不接受一下日光这著名"秘汤"的爱抚？找一家乡村温泉旅馆，享受一下原汁原味的日式露天沐浴，扭头便是如画般精致的风景，身心舒展的如刚刚投进沸水中的茶叶，翻滚的都是幸福。

这个地方就是日光，原来它是如此接近天堂。

Yokosuka

横须贺

·东洋第一军港

横须贺是条件优越的东洋第一军港，只是这里美国海军的力量要远远大于日本海上自卫队，这个看似平静的海滨城市，积蓄着美国强大的军事力量，也凝结了日本对美国爱恨交加的复杂感情。

❈矗立在岸边的巨石，如同横须贺港的守望者，久久凝望着碧蓝色的水流，一动不动。

许多人对于横须贺的第一印象大约源自于山口百惠的自传，这位在日本红极一时的女星，用温暖的赛过午后阳光的文字，表达了对横须贺故乡魂牵梦绕的怀念。少年时对偶像的喜爱，使得身心完全浸润在文字间，仿佛自己也身处那座朴实的，暖暖的城市里，在坡路上奔跑着，凝视无边无际的大海。后来渐渐地明白，原来横须贺并不完全似纸上般温情，它是美国在亚洲最大的海军基地所在地，也是日本海上自卫队舰队司令部所在地，有着“东洋第一军港”的美誉，这个看似平静的海滨城市，积蓄着美国强大的军事力量，也凝结了日本对美国爱恨交加的复杂感情。

横须贺位于东京湾西岸，是本州东南部的港口城市，东京的海上门户。港内水域开阔，水深而流动缓慢，是日本屈指可数的

天然良港之一，自古便是扼守东京湾、保卫首都的军港，1948年定位为日本的贸易港，以造船、汽车工业为主，但它的军事气息却没有一丝一毫的减少，反而因为美国的插入而变得更为复杂。从东京乘坐列车，不到一个小时便可到达横须贺。纵横交错的宽阔马路看上去与东京这样的大城市似乎没什么区别，只是街上一身戎装、肤色各异的美国大兵提醒了它的与众不同，让人嗅到了海风中那一丝隐隐的火药气息。

横须贺港内的停泊设施、维修战舰能力、油料和弹药贮存设备及兵员休整设施都非常齐全完备，满足了海军基地所需的各种条件，难怪美国驻日海军、美军第七舰队、日本海上自卫队这三大司令部全都驻扎于此。美国军舰停靠在东边靠着三浦半岛的地方，是严格的军事禁地，鼎鼎大名的第七舰队以此为母港，游弋于太平洋和印度洋上，穿梭在海湾战争和伊拉克战争中，怀着野心充当世界警察的角色。依据美国的"全球战略"，横须贺是它必须倚靠的基地。海军司令部位于横须贺市区内，几座不起眼的灰色新楼房，却是美军的核心所在，美国士兵在这里享受到了日本政府的礼遇。政府不但出资兴建了司令部，还附带了多种休闲娱乐设施。美军本来是横须贺的侵略者，而不可否认的是他们也给曾经闭关自守的横须贺带来了西方文明。驻扎的时间长了，便也成了横须贺一个不可分割的部分。看着街头形形色色的英文招牌，就会感觉出这是一个美国文化发扬光大的地方。毕竟是被美国的语言和音乐熏陶了几十年，难免滋生出亲美文化，可以理解许多横须贺人对美国的那种发自内心的热爱。但正如山口百惠所描述的那样，这里的坡道、草原、盖着青石板的小巷，由于美军的进驻都不得不改变了模样，那种独特的气氛作为一个城市的阴暗面呈现出来，给人一种压抑甚至悲哀的感觉。

尽管反基地的运动时时都会爆发，但出于长期的战略考虑，横须贺军港依旧会存在下去，依赖、厌弃、敬畏、惧怕，这种种的感情交织在一起，横须贺便是这样一种复杂情绪的载体。

❁换个角度，看看绿草繁花，你不禁会为横须贺美妙的景观与环境感叹、欣慰。

田园牧歌

Miura Coast
三浦海岸

一路骑行的海景风光

三浦海岸拥有长达1千米以上的平缓沙滩，沙粒洁白细腻，海滨风景旖旎艳丽。这里不但流行海水浴，海上运动也非常盛行，选一个风和日丽的天气，骑着自行车沿着海边公路缓缓前行，看尽整个三浦的风光。

❉ 选一个风和日丽的午后，漫步在散漫而温暖的日光云影下，人生能得几刻如此满足的光阴！

沿着横滨向南而下，便到了东京湾和相模湾的分界线——三浦半岛。走出京滨急行线的三浦海岸站，首先迎接游人的是满树灿烂的樱花，给人一个开朗的好心情。三浦半岛的樱花是著名的早开品种——河津樱花，全岛种植有几千株，花期比其他品种要早，每年2月便已看到饱满的花朵缀满枝头。从三浦海面的渡轮上望过去，三浦半岛被一片娇艳的花海覆盖了，散发着浓郁的春的气息。

环海大道上经常可以看到公路自行车略过，三浦是骑行者常来常往的地方。许多人都会选择以三浦车站为起点，来一场骑车旅行。路线不用刻意追求，只要沿着三浦海岸沿线走上一圈，便会发现处处都是风景，山景与海景时时相伴。

在骑行的山路上，随便选一处歇脚地，便可以欣赏眼前连绵的海景。海边礁石嶙峋，时不时有海浪拍打。礁石上有人静心垂钓，还有一家人集体出游，来海边放松身心，年轻的父母带孩子到这里见识大海的魅力，感受自然的神奇。然而孩子们却没有这么悠远的思绪，对他们来讲，在石缝中出没的色彩鲜艳的寄居蟹，水边蹦跳的小鱼显然更为有趣。

三浦海岸最东段的剑崎，有日本历史最悠久的西洋式灯塔。灯塔原型早已毁于1923年的关东大地震，现在屹立着的灯塔在1925年重建而成，依然保护着穿梭航行在东京湾上船只的安全。海岸南段最著名的便是三崎港。站在三崎港的海边眺望，相模滩上的城岛仿佛近在咫尺。受黑潮影响，三浦半岛气候温暖，海产品种类丰富，味道鲜美。三崎港便是以盛产金枪鱼而著名，码头上来往的船只都是在卸载捕捞上来的金枪鱼，十分热闹。这里的餐馆里处处可见各种最鲜美的、原汁原味的金枪鱼料理，难免又让人大快朵颐一番。

三浦海岸拥有长达1千米以上的平缓沙滩，沙粒洁白细腻，海滨风景秀美艳丽。形形色色的海滨浴场吸引了许多前来海水浴的客人。三浦海岸不但流行海水浴，海上运动也非常盛行，整个浴场的气氛朝气蓬勃，比头上的艳阳还要灿烂，游客一年四季都络绎不绝。特别是在周末假期，海面上满是作风帆和冲浪运动的年轻人，为海岸增添了许多缤纷的色彩。

天下的旅行者，都是一样的简单快乐，无论付出了多少辛劳汗水，但只要看到引人侧目的好景色，都会驻足浏览往返，小小的幸福与满足在心底盘桓。

❋海岸边幽静的房舍，总让人感到一种世外桃源般的静谧和与世无争。

❋三浦半岛三面环海，公路、铁路都是依海而建的，平坦宽阔，是骑自行车观光旅行的最佳路线。

田园牧歌

Kakunodate

角馆

东北小京都

作为江户时代规模最大的城下町，角馆至今还保留着当年的风貌，是当代日本最能体现"城下町"城市布局的地方，那些保存完好的武士住宅，隐约透出京都风情，让人不免追思起角馆源远流长的历史。

角馆市位于日本秋田县东部，气氛宁静清幽，桧木内川向南缓缓的流经城内，三面都有山丘环抱，南方由玉川筋展开辽阔的仙北平野，是建造城下町的绝佳地形。这座城市最初建于17世纪初，日后作为城下町迅速地发展起来。在江户时代，这是佐竹北家带领的秋田藩中占地最大的城下町，至今还保留着几分当年的风貌，是当代日本最能体现"城下町"城市布局的地方。

角馆是个风物优雅的古朴小城，走在青石板小路上，两旁的树木高大，鳞次栉比的房屋群依稀还是武士住宅的模样，石黑家、青柳家、松本家、西宫家都是典型的武士风格，沿着武家屋敷大街整齐地排列着，长期对外开放，供游人参观。现在这里是国家重要的传统建筑保存区，从工作人员到寻常市民，每个人都有很强的保护城市面貌的意识，注意不去破坏这个城市古老的历史风范。

武士住宅都是有着百年以上历史的老院子，正面和侧面都有两扇大门，这是那个时代尊贵身份的象征，昭示着武士阶层当年的荣耀，长满青苔的院墙透着年代的沧桑，只有庭院里苍翠的绿树还散发着清新的活力。

人们习惯将角馆称为"东北的小京都"，整座城市都有着和京都相似的气氛。这名字的来历自然是与风雅潇洒的建筑样式相关。事实上，角馆与京都也确实有着密不可分的联系。1656年起的200余年，佐竹北家的领主娶的都是来自京都的大臣的女儿。隆重浩荡的婚礼迎来的不仅仅是美丽的新娘，还将优雅的京都文

❋ 角馆市景色宜人，有着"东北小京都"之称。

化引入此地。京都先进的精神文明，纤细恬静的审美意识对角馆产生了潜移默化的影响，一直持续到当代，难怪有了"东北小京都"之称。

角馆是日本的花见名所。花见时节，人山人海络绎不绝。樱花花季之后还有叶樱可赏，夏日的绿荫、秋天的红叶，将角馆描绘得五光十色，一年四季都是赏景散心的好去处。

作为一个历史悠久的小城，角馆有多姿多彩的传统民俗活动。春天的樱花节热闹非凡，美不胜收。夏天有日本特有的"簓舞"，人们拍打着一种叫做"簓"的古老乐器，随着节拍翩翩起舞。秋季有饰山节，人们在收获季节狂欢，山车互相冲撞，场面十分壮观。冬季的活动叫做"火振雪窑"，将绳子尖端的草袋点上火，挥舞着绳子东奔西跑，祈求一年顺利，无病无灾。这些民俗仪式都充满着浓郁的日本民族风情，给了外国游客一个大饱眼福、体验日本的好机会。

角馆并没有都市炫目的繁华，然而这正是它的独特之处，在现代文明的撞击下，还难能可贵地保持着古朴的原色。日本传统的街市之美，尽在于此。

✹ 角馆的桧木内川沿岸种满了樱花树，绵延近2千米。每年春天，整个河堤樱花烂漫，云霞灿烂，丝毫不逊色于上野公园的樱花大道。

One Year in Hokkaido

北海道的四季 *绚烂的交响曲*

与东京这样繁华拥挤的都市街道相比，地广人稀的北海道是如此的端庄大气，很容易让人找到宽广安逸的感觉。它秀美的自然风光如同一首壮美的田园交响曲，随时光推移、季节变换，包含着诸多风格迥异的曲调与节奏，独立出来都是精彩的篇章，衔接在一起却又异常的平实和谐。

※秋日里，十胜平原的农田如金黄发亮的缎带般绚丽；美瑛的丘陵由土壤和农作物的颜色交错成一块块五彩的拼图。

与东京这样繁华拥挤的都市街道相比，北海道辽阔的自然风光是如此的端庄大气，如同一首壮美的田园交响曲，随时光推移、季节变换，包含着诸多风格迥异的曲调与节奏，独立出来都是精彩的篇章，衔接在一起却又异常的平实和谐。日本人把这里当做寻求心灵慰藉的圣地。如果不把北海道的四季乐章仔细听个明白，你又怎么敢说自己走遍了日本？

虽然占了日本列岛1/5的面积，但北海道的人口却仅仅只有东京的一半，这让人在北海道很容易找到宽广安逸的感觉，如同迈步走进一幅大自然的画作之中。虽然是自明治时代方有人烟，北海道却凭借自己天然的好景致，迅速发展成为日本国内首屈一指的旅游代表地。

对日本人而言，樱花便是那报春的使者。然而当南国的天空已经被花海映成一抹妩媚的绯红时，位于较高纬度的北海道却还带着未融化的积雪，显得有些落寞，相对于日本其他各地，北海道的樱花开得略微迟晚，谁又知道，它的姗姗来迟不过是在积蓄更深、更蓬勃的暖意。在4月里，当其他地方的樱花已经如雪片般纷飞凋落时，北海道的樱花却在之前的沉寂中悄然绽放，带着几许置之死地而后生的悲壮，迎着花雨傲然屹立。

❀ 片片花海连在一起，远望过去极为艳丽，成为北海道之春最炫目的色调。

"松前城"是日本最北面的"城下町"，城堡遗址周围至今还保存着北海道最早的建筑物，记录了这里曾鼎盛一时的城市风貌。如今的松前城也是日本著名的赏樱之地，曾被日本樱花会授予"樱花之乡"的美名。樱花与古老的城堡遗址互相辉映，风中摇曳的是最地道不过的日本特色。北海道樱花土生土长，又名虾夷山樱花，在山地处颇为常见，号称全日本最晚绽放的樱花，花朵颜色淡红。每年的4月～6月间，满城樱花如一夜之间猛然惊醒，千树万树樱花次第绽开，层叠如一片淡粉红色的波涛汹涌。

樱花的美，盼了一年，却不过只有短短一周的缤纷，纵使北海道的樱花凋零较晚，6月里也纷纷归于泥土的怀抱，难免让人感叹。而北海道的夏天绝对不会让你对自然的感情出现空白期。北海道的夏季依旧气候凉爽，没有让人无法忍受的炎热，是旅游的最佳时机。阳光和煦，空气清新，农田错落有致，白桦树笔挺矗立，漫山遍野的花都开了，福寿草、紫丁香、野百合等一同盛放，一片斑斓的花海，五彩缤纷、迎风招展，将北海道装点的处处充满朝气。洞爷湖水色清丽，烟波浩渺，泛起小舟荡漾在湖面上，随着水波逐流到湖中的小岛探个究竟。多少人流连北海道的夏，在湖边搭起帐篷露营，因为每到夏季的时候湖中岛都会有一场盛大的烟火秀，将整个夏季的夜晚，交与一场烟火的表演，花香袭人、草香弥漫，北海道的夏夜是如此的令人沉醉。

❀ 最纯粹、最本色的北海道季节就是白色的冬季，银装素裹一样的美丽，但却没有想象中那样冷得刺骨。

而北海道夏天的代表色，莫过于富良野那一片浓郁的紫色。富良野盛产薰衣草，被称为"东方的普罗旺斯"。6月里，薰衣

草竞相绽放，大片大片的薰衣草花田发散着清淡素雅的香气。薰衣草如一条紫色花毯般一望无际，直直地延伸向花田另一边的松林。更令人称奇的是，薰衣草与众多的野花混杂在一起，交织成五颜六色的彩色花田，美轮美奂，难怪夏季才是北海道最绚烂、最多彩的季节。

如果北海道的春之樱是令人翘首以待、迟迟不至，那么北海道秋季的红叶却来得异常勤快。作为全日本第一个迎接红叶到来的地方，北海道浓厚的秋意是上帝赐予它独特的礼物，这里有着全日本最美的山野秋林，天空一碧如洗，草原辽阔无际，渐进枯黄的草，饱满待割的庄稼与枫叶红交织出动人的秋季画面。与关西枫叶那种清一色红到发亮的妖媚不同，北海道的枫叶呈现出的是一种色彩多变的辽阔之美。虽层林尽染，却并不给人萧索之意，反而那流转的金黄让人感受到了浓厚的生命气息，体会到了在这个金秋时节，收获的深刻含义。

北海道的秋天虽绚丽，时间却异常短暂，既是全国最早，也是最短。9月初，枫叶的红色还未褪去，点点白雪便已悄然覆盖山头。北海道的气候就是这样变化得富含戏剧性。不仅在全日本，在全世界它也是降雪最多的地方之一。漫长的冬季要从9月一直延续到来年4月，衬着白雪的红色枫林便成了北海道独具的特色。山顶上虽是初雪皑皑，而山腰白雪映衬下的红枫林却还是流光溢彩，与洁白的雪色交相辉映，比画上的风景更为诱人。雪花窸窸窣窣地落下，厚厚的积雪在地上砌起了一层白毯子，即使摔倒了也感觉不到丝毫的疼痛。

去北海道自然是要滑雪的，北海道最大的城市札幌每年降雪量可达9米，自从举办过冬季运动会之后，便让北海道的冰雪更为天下闻名。冬季的北海道挤满了来进行雪上运动的人们，那澎湃的热情连积雪都要随着融化，在热情的欢笑和高声的尖叫声中体验极速的挑战，融入到大自然的冰肌雪魄中去。连动物在此时都不甘寂寞，丹顶鹤翩然起舞，海鸥自由高飞，天鹅湖上小憩，狐狸与野兔在无瑕的雪地上留下了点点足迹。若你亲眼目睹此情此景，定会被自然和生命的激情所感动。

记得有位朋友说过，我们一路走来看风景，而风景也在看我们。一路相伴，才不寂寞。北海道是个四季都有故事的地方，来到这里不但要用眼睛仔细地去看，还要静静地用心去感受、去聆听、去拥抱……

驹之岳火山秀美的身影倒映在大沼湖中，这是北海道南端的大沼国定公园最著名的风景

Lavender in Hokkaido

田园薰衣草

追逐紫色浪漫

北海道的神奇之处，就在于一年四季都有不同的风景，五颜六色，各具风情。每年夏季，"东方普罗旺斯"的薰衣草熟了，空气中弥漫着醉人的幽香，连天空都被映成淡淡的紫色，那不正是我们苦苦追逐的浪漫所在吗？

北海道的神奇之处，就在于一年四季都有不同的风景，五颜六色，看花了人的眼睛。6月里，全日本开放最晚的樱花尚未完全凋落，大片大片的薰衣草就成熟了，形成了一道炫目的紫色风景。

日本本无原产的薰衣草，1937年，人们从法国引进了薰衣草的种子开始栽培，选择了与普罗旺斯纬度相当的富良野一带播种，薰衣草在此生根、发芽、开花，迅速发展为漫山遍野，一片紫色花海。富良野从此得名"东方的普罗旺斯"。每年6月下旬到8月的上旬，山坡与平原都被铺天盖地的紫色淹没了，空气中弥漫着醉人的幽香，如梦幻般的场景令人流连忘返。

以前在明信片上、风景画上和电影里看普罗旺斯，感叹于薰衣草花海的壮观神奇，没想到如今在北海道这片严苛的北国大地上，大自然也能描画出如此灿烂的彩绘，吸引着各方游客蜂拥而

❋薰衣草盛开的季节，北海道连天空都透出淡淡的紫色，高贵神秘，耐人寻味。

至。从70年代开始，北海道薰衣草便已小有名气，杂志上争相刊载介绍，月历纷纷采用它的照片。到了20世纪80年代，一部以北海道为生活背景的日剧《北国天伦情》风靡一时，剧情中经常出现富良野辽阔壮美的风光，浪漫的爱情故事发生在美轮美奂的紫色薰衣草花田上，深深震撼着所有人的眼睛和心灵。从此这片迷人的紫色成为北海道夏季的代表色，前来追逐紫色浪漫的游客络绎不绝。

富良野夏季的天空蓝得清澈明净，水润的空气里弥漫着薰衣草沁人心脾的清香。蓝天、白云、金色阳光、绿色丘陵地，紫色花海，这不同的颜色交织着，却似都是浑然一体的，在阳光下散发着静谧的气息，花香四溢，好一派油画样的田园风光。

整个富良野地区被薰衣草覆盖了，其中又以富田农场的薰衣草香气最浓烈，色泽最鲜亮，形态最娇艳。富田农场有五大著名花田：花人之田、幸福之田、香水之田、薰衣草田和彩色花田。前四个全部是薰衣草花田，深浅交错的紫色，层次分明，而看到第五个，眼前骤然亮了，长方形的花圃宛如一片彩色祥云，以紫色薰衣草为主，中间夹杂着鲜黄色、深绿色、浅绿色、深红色、玫红色、白色，交织成了一张七彩的花毯，金色阳光在花朵上跳跃流动着，光影缤纷，动静相宜，美不胜收。

❀大片大片的紫色薰衣草铺在山坡上，如一张紫色的地毯，柔和的阳光洋洋洒洒地落在上面，映的深邃的紫色更为透亮，在轻风的抚摸下，无边无际的薰衣草田如深紫色的波浪层叠起伏，美得令人窒息。

每年北海道旅游的赏花名目众多，开设了不同的薰衣草观光路线，举办各种活动来配合一年一度的薰衣草盛会。游客不但能尽情饱览这大好的紫色浪漫风情，在交纳500日元后，还能在规定的田中随意进行采摘，将这一派旖旎抱个满怀。

北海道就是这样一个绝对不会让你失望的地方，从任何一个角度，看任何一个地方，总是不同的颜色，有不同的收获。

期待北海道薰衣草中的拥抱，那是一个地老天荒的浪漫承诺。

Travel around Japan

✈ 搜索地标：北海道

*T*aisetsu

大雪山国立公园

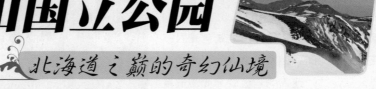

北海道之巅的奇幻仙境

北海道物语

大雪山自古以来便是爱奴人心目中的圣山，神圣不可侵犯，而在游客们眼中，最迷人的则是它美丽的自然风光——雄伟险峻的火山地形、大片的鱼鳞松和冷杉、飞瀑如织的层云峡、纵横交错的沟壑峡谷，这些景色让神话中的大雪山变得异常鲜活可爱。

大雪山国立公园位于北海道的中央高地，面积宽广辽阔，能容得下整个东京市。公园内群山环绕，自然景观丰富，吸引了无数的观光客。

大雪山指的是以海拔2290米的旭岳为主峰的20多座高峰，高度均在2000米左右，连绵叠嶂，气势非凡，被誉为"北海道屋脊"。在游人眼中，大雪山美丽的自然风光令人迷醉。雄伟险峻的火山地形、大片的鱼鳞松和冷杉、飞瀑如织的层云峡、纵横交错的沟壑峡谷，让神话中的大雪山变得异常鲜活可爱。

大雪山物种丰富，可以欣赏到许多奇特的高山植物与茂密的原生森林，保存着几乎未经破坏的原始绿地。生物种类繁多的像一个小小的野生动物王国，庞大的棕熊慢悠悠地踱着步，小巧的

❀大雪山国立公园景致秀美异常，保存着世上稀有的原始森林和绿地，称得上是人间仙境。

鼠兔在草丛里跑来跑去，花猫头鹰展开斑斓的翅膀飞翔；薄翅蝶和高山蝶等罕见的昆虫品种在花丛间翩翩飞舞，让原本肃穆的高山景观变得生机盎然。

　　山麓的层云峡可谓公园内的景色精华之地。峡谷中布满了高达百米的悬崖峭壁，都是凝灰岩受腐蚀后形成的自然风貌，水流自上倾泻而下，形成道道壮观的飞瀑，如银龙出洞一般灵动妖娆。大函和小函是峡谷中最美的地方，大函岩壁高耸，如屏风般宽阔，小函奇岩怪石层出不穷。峡谷中间还有现代化的层云峡温泉旅馆，供游人休憩泡汤。

　　冰雪是大雪山最主要的景观。这里是北海道降雪量最多的地方之一。每年冬季，挺拔的群山都被皑皑的白雪覆盖了，挺拔秀丽。山上的树木也变成了通体银白，与雪地天光融为一色。一株株松树都被装扮得如同圣诞树一般富丽堂皇，如果要在上面挂满礼物，可需要圣诞老人忙上几年。不知道这里有没有这么勤劳的圣诞老人可以赐予我们礼物，不过，眼前这难得一见的美景，不就是大自然赐给我们的最好礼物吗？

　　仰起脸感受雪花落空轻盈的抚摸，是如此的清凉甘甜，静静聆听着雪落下来的声音，仿佛突然感受到了大雪山的神意，这里是北海道最接近天空的地方。

❋世界上任何一处公园内也不会有如此美的风景。天然形成的悬崖峭壁，倾泻而下的水流形成天下最美、最壮观的瀑布，如同数万条白带在空中飞舞，令人神往。

北海道物语

Akan
阿寒国立公园
山林湖泊的世界

阿 寒国立公园是北海道历史最悠久的国家公园之一，由火山群落、一系列火山湖泊及茂密的原始森林组成，游人在此可以欣赏到山林湖泊交织的美妙景致，虽没有华丽的外表，却自有一番纯朴动人的风韵。

阿 寒国立公园位于北海道的东部，面积近900平方千米，建立于1943年，是北海道历史最悠久的国家公园之一。它由雌阿寒岳、雄阿寒岳和阿寒富士等火山群及一系列火山湖组成，是一个宏伟的山岳公园。但来此观光并不仅仅是漫无边际的山色，每一位游客都可以感受到火山、原始森林与温泉湖泊交织的美妙景致。

❄ 即使是在寒冷的冬天，人们也可以在阿寒国立公园见到楚楚动人的白天鹅，因为在这里，一年四季都洋溢着春一般的生机与活力。

雌阿寒岳火山区域以阿寒湖、屈斜路湖和摩周湖三个火山湖为中心，高高的火山口终年白烟弥漫，大大小小的喷气孔常年散发着硫黄的味道，气孔周围遍布金黄色的硫黄结晶。从山顶可眺望到远处湖水和森林相依的美景。这片区域是整个公园中最重要的景观，景色宏伟秀丽，温泉密集繁多，极为受人欢迎。

阿寒湖被雌雄阿寒岳火山环抱其中，是火山爆发形成的堰塞湖，湖面呈菱形，水面平静，湖水碧绿清透，如一块凝碧的翡翠。因湖中生长着一种绿色球藻，将湖水染成如此的碧色，这是阿寒湖特有的天然纪念物，在全日本都十分出名。这种球藻的成因至今都是个谜。

湖中矗立着奇岩怪石，千姿百态，形状各异，将湖面点缀的情趣盎然。湖岸上片片森林茂密，连成一片，放眼望去广阔悠远。这是火山爆发后残留下来的以日本鱼鳞松和冷杉为中心的原始森林，风情旖旎，还带着一丝浑然天成的神秘色彩。树林里栖息着棕熊、虾夷鹿等哺乳动物，有时也能在林叶间看到黑啄木鸟等珍贵的鸟类。东西两岸有雌雄阿寒岳两座高大的火山静静矗立，如森严的卫兵守护着阿寒湖。因这片区域地处内陆，一天中产生较大的温差，即使在夏天高温的天气，早晚也会出现辐射冷却的现象，使得气温骤冷，在盛夏也能出现零下10度的严寒天气，水蒸气遇冷，形成一片缥缈的云海，有时还能结成细小的冰珠，晶莹闪亮，极为美丽。

屈斜路湖和摩周湖也都是阿寒国立公园中颇具代表性的景观。屈斜路湖是一个方圆60公里的破火山口湖，为公园中面积最大，它最奇特之处在于湖中漂浮的锥形小岛，是火山喷发的堆积物形成，通体覆盖着绿色，在湛蓝色的湖面上漂浮移动，随着波光起伏洋溢，极富情趣。冬天可见成群的天鹅飞临湖面，栖息过冬，姿态高雅优美。摩周湖湖水清可见底，湖面终年多雾，一切景致尽笼罩在朦胧的雾气之中，若隐若现，如一幅天然的水墨画。由于湖泊被丛林层层包围，绝壁陡峭，游人难以近前，只能从眺望台远望湖景，欣赏其在阳光下变幻莫测的婀娜身姿。

　爱好运动的人们可以在公园内开展高山摩托、橡皮艇等运动，还能欣赏到北海道土著民族爱奴人的传统舞蹈，阿寒湖畔川汤等地的温泉则是最好的休憩场所。

在北海道众多明媚的自然风景中，阿寒国立公园如一朵秀气的小花，没有艳丽的外表招摇炫耀，存在的静谧低调，却自有芬芳的清香淡淡散发，引人为之侧目。

❊ 这里是火山群和火山湖的大融合，阿寒湖被雌雄阿寒岳火山环抱着，碧色的湖水如大块翡翠向人们述说着火山的神秘。

北海道物语

Hakodate

函馆

·海底世界的起点

函 馆是北海道的南大门，无论是活力四射的朝市，还是流光溢彩的夜色，都是这个城市最精彩的时刻，但最让人魂牵梦绕的还有那辆通往海底世界的神奇列车，它的尽头是一个我们做了多年的梦，函馆正是梦开始的地方。

❋ 五稜郭是一座建于江户时代的五角星形的城郭，它是函馆最著名的标志性建筑之一。

函 馆是北海道的南大门。大凡港口城市总是会让人联想起美丽的夜景，函馆也不例外，甚至尤为突出。函馆的夜色被列为世界三大夜景之一，怎能错过？

13世纪的时候，这里还只不过代表着犯人的流放地，江户时代始有移民定居，1854年，港口对外开放，函馆迎来了一种崭新的生活，1907年，函馆被定为国家的重要港口，青函轮渡鸣响了第一声汽笛，缓缓离港，在水面上穿梭了几年的时间，函馆就已发展成为日本东北部最大的城市。

函馆的一天似乎比别处要来得长，因为无论是朝霞喷薄的清晨，还是暮色低垂的夜晚，恰恰都是函馆最精彩的时刻。天蒙蒙亮的时候，去逛函馆的集贸市场是最有情趣的。朝市每天5点就开业了，在路边小摊吃一份最新鲜可口的生鱼饭，吃饱肚子之后就可以逛街了。这里卖的是鱼、海产品、农产品和快餐，种类多样，应有尽有，带着浓浓的函馆海滨特色。

夜色降临时，登上海拔334米的函馆山，这里是观赏函馆夜景最好的地点。不要说函馆的街市，就连津轻海峡也能眺望得到。狭长的街道上街灯闪耀，似一条条绚丽的光带，在光带之上，穿梭的汽车形成流动的光河，光明璀璨。两边环绕的便是静默漆黑的海。海面上星星点点的灯火是依旧在忙碌的渔船和邮轮，缤纷的光影勾勒出夜色富有生气的函馆，那是一个双凹的斧形，精致的像橱窗里展示的、最名贵的水晶项链。函馆山上夜风习习，天凉如水，时间仿佛在这一刻停滞了，多少往事就如同终年奔波在津轻海峡的青函轮渡，沿着起伏的海水缓缓飘向太平洋。

往事、回忆，青函恰恰是与这些思绪密不可分的，当一辆车头画着哆啦A梦的列车停在眼前时，从80年代成长起来的人谁又能不被勾起年少时的梦幻？函馆是著名的哆啦A梦海底世界的起点，在青函渡口踏上专用的哆啦A梦海底列车，不多时便可以到达神奇的海底世界。车身画满了哆啦A梦动画里的人物，憨厚的大雄，可爱的静香，宽敞整洁的车厢里到处都是和哆啦A梦相关的饰物，甚至一抬头的天花板上还喷绘着它们可爱的头像。这趟列车的终点——吉冈车站位于海底，不知不觉中我们已经潜到了海面下145米的地方，穿过一条长长的海底隧道，哆啦A梦口袋里的任意门出现在眼前。海底世界真实地还原了哆啦A梦动画片中的原貌，小时候电视里熟悉的场景真实地出现在自己眼前，恍惚间回到追着看动画片的童年，那种单纯的快乐似乎已经太过遥远，不经意的竟然红了眼眶。

每个人都有属于自己的人生，函馆也有着自己独特的多彩魅力。每个人心里都有无法忘却的梦，函馆便是一个梦开始的地方。

❋ 函馆的圣诞夜，东西方文化在这里融汇，缤纷的落雪与城市交织成一个美妙的童话世界。

北海道物语

Sapporo
札幌

雪国之城

身为北海道重要城市的札幌，注定与冰雪结下了不解之缘。它因冰雪而闻名，冰雪让这个城市活力四射，在一片安静素雅的白色笼罩之下，札幌的冬天却因雪祭的热情而升腾着融融暖意。

札幌市是北海道的行政和工商业中心，位于北海道石狩平原的西南部，人口近200万，在全日本是人口排名第五的大城市，也是日本的政令指定都市之一。同北海道的大部分地区一样，它的名字来源于当地原住民的阿伊努语，意思是"大河川"。

在日本这个岛国，几乎所有主要的大城市都濒临海洋，只有札幌是个异数，周围不见海而多山，被群山环绕，是日本首屈一指的内陆大城。1972年，第11届冬奥会在此举办，札幌成了世人皆知的国际性大都会、远近闻名的冰雪之城。

札幌市区被平川的河道整齐划分为两半，街道宽阔，城市井然有序，带着些清幽的北欧风情，道路两旁种了许多洋槐，所以札幌又被称为"洋槐之都"。每年夏天，城市里紫色的丁香、金色的合欢树花都开了，此时的札幌，美得清净含蓄，没有大城市的张扬，让人从心里就想亲近。

时计台是札幌最著名的标志，这是一座5层的白色钟楼，至今已经历100多年的风雨。当年这是在美国人的协助下建成的，为北海道大学前身的演武场服务，是现存日本最古老的钟楼。当时所用的齿轮等主要部件到现

※ 圆山公园位于札幌西郊成圆穹状的圆山内，这里树种丰富，林木蓊郁，是札幌有名的观光点。

在都还在继续使用，静静地记载着时光的流逝，没有一刻倦怠。

　　但真正让这个城市活力四射的，便是一年一度的雪祭，至今已经举办了50届。札幌因冰雪而闻名，当然不会错过这个向全世界展示札幌的最好时机。每年2月，成千上万的游客都会从世界各地兴致勃勃地赶来，奔赴札幌雪祭的盛宴。在一片安静素雅的白色笼罩之下，札幌的冬天因大家的热情而升腾着融融暖意。

　　大通公园是雪祭的主会场，冰雕的舞台一眼望不到头。每一组都有一个主题鲜明的大型冰雕，晶莹剔透，栩栩如生，人在其中，仿佛坠入了白色的童话世界，自己化身成为冰雪的精灵。舞台上还有热闹的歌舞表演，将现场气氛烘托得更为热烈，游客边看冰雕边欣赏表演，目不暇接。各组冰雕之间有临时搭建的小屋，这是专门给客人休息取暖用的，在小屋里喝上一杯热气腾腾的豆奶，外边的歌舞之声不绝于耳，在这银装素裹的世界里，欢乐也是热火朝天，幸福的感觉油然而生。

　　天空中有簌簌的雪花飘落，札幌的雪都是大朵大朵的，宛如上天散落的花瓣，在空中飘舞着，随意停留。这便是日本著名的吹雪景色。冷调的冰雪与内心澎湃的热情相融合，彼此缠绵在札幌清新的空气中，久久不愿散去。

❋ 札幌市内，北海道大学幽静的林荫道被秋色染成了一派金黄。

Chapter 2

岛国巡回：

环游最美的 **11** 府县之旅

搜索地标：本州中部，东京西部

Kanagawa

1

神奈川 ·灌篮高手的故乡

在神奈川走一圈，仿佛是沿着日本这么多年来发展的轨迹而行。每个城市都是一部独立的华彩乐章，它们共同在神奈川奏响了一曲壮烈的史诗交响乐。既有日本古典风情的含蓄幽怨，也有现代化程度发达的活力四射；既有日本民族传统的和风韵脚，还洋溢着浓厚的异国情调。

神奈川这个古老的名字，在国内真正做到耳熟能详其实还是因为一部《灌篮高手》的动画片，湘北、海南这些队伍都是出自神奈川地区。看那些篮球场上的飞人飞了好多年，当年的孩子也未能逃过时光凌厉的箭，接触新的事，认识新的人，然而年少时的梦却不曾忘却，那神奈川，究竟是个怎样的地方？

神奈川县山水相依，湖海环绕，气候温和，景色秀美，环境变化多端，自然资源丰富，作为日本便利舒适的旅游场所之

✢神奈川县位于关东地区的西南部，与首都东京相邻，南面是东京湾和相模湾。

一，吸引了无数国家的游客，领导着日本的经济发展。神奈川县内的各个区域都有自己一段曲折的往事。国际港口城市横滨、历史古城镰仓、美国驻日海军基地横须贺……风土人情各具特色，历史背景错综复杂。这儿的自然风景名胜也数不胜数，相模川自神奈川中部缓缓流

过，被誉为"神奈川的母亲河"，多年来哺育着一代又一代的人民。昔日的城下町——小田原秀美的城镇风光、温泉之城箱根舒适的温泉旅馆，都是游人流连忘返的场所。神奈川的南部是壮丽的、海岸线连绵起伏的三浦半岛，西部有巍峨的丹泽山地，优雅的古典风韵与现代化的新潮气质交织在一起，树立起一座多姿多彩的名城形象。

❀横滨的中华街，是全日本最大的一条唐人街。

横滨是神奈川县的首府，国际著名的港口，也是日本最早的以海上门户而闻名的城市，各方客人自海上而来，汇集成了一种世界上最多元的文化。值得一提的是，日本最早西洋风格的公园——山下公园便坐落在市区内，公园内的灯塔号称世界第一，每当夜幕降临时，灯塔上的璀璨装饰便成为最炫目的风景之一。

而对中国人来说，对横滨最期待的则莫过于那条著名的"横滨中华街"。这是山下公园西南的一条中国餐馆街。虽说拥有中华街似乎已成为国外大城市的一种时尚，但拥有130余年历史的横滨中华街却给人耳目一新的感觉，特别的干净整齐。街道入口矗立着一座高达15米的牌楼，道路两侧排列着各式各样的饭店，粗略算来就有百余家，集中了苏、粤、沪、川四大菜系，但味道在中国人看来似乎也算不得正宗，为的是迎合日本人的口味，甚至连这港口城市中往来的西方人口味都照顾到。

提到西方文明的影响，就不得不说起横须贺，它所受的文化"入侵"远比横滨要来得深刻。这个充满了蓝天、白云、大海，看似平静安详的日本小城，却是少有的天然良港，难怪得到了美国海军的"格外关照"。从某种角度来看，正是当年的美国舰队

✤ 横滨是神奈川的经济和政治中心，在日本则是仅次于东京的第二大城市。

✤ 神奈川的汤河原是一处著名的温泉圣地，也是唯一被这里的万叶公园种植着许多古老的和歌集——《万叶集》中提及的树木花卉。

带来的西方文明，打开了日本人故步自封的思想，全日本开始了上下贯通的变革，齐心合力推翻了幕府的统治，为明治政权奠定了坚实的群众基础。然而在二战之后，美军的驻扎似乎已超过了"文化交流"的范畴，日本人也无力抵抗这个既成的事实，只能被动地接受，于是横须贺的地位开始变得微妙且尴尬，孤独猛烈的海风、嚣张霸道的美军成为人们对它最鲜明的印象。阳光下的海滩边，脱了鞋子的孩子在自由地奔跑，无拘无束地欢笑，谁又能知道，他们会面对横须贺一个怎样的未来？

川崎是全日本数一数二的工业城市，著名的川崎重工总部就位于此地。虽然是神奈川县面积最小的城市，在明治时代还毫不起眼，但依靠着邻近多摩川与东京湾的优越地理位置，工业经济得到了迅速发展，川崎重工集团制造的产品包括飞机、火车、摩托、船舶等各种机械，现在已经遍布日本海陆空各个领域，让川崎这个小城市地位赫然，引领了神奈川现代化的潮流。虽还不能与横滨这样的大都市相比，但昔日的荒凉小城今日也有了120余万的人口，在街头一看也有熙来攘往、摩肩接踵的气势，让人不得不感叹神奈川果然是日本人口最密集的区域之一。

向神奈川的西南而行，就到了江之岛，也就是在日剧和动漫中极具人气的湘南。这是一片弧状砂质的海岸，或许正是太平洋的暖流自此缓缓经过，才造就了一片浪漫温馨的气氛。著名漫画家藤泽亨笔下著名的"湘南三部曲"将它与"麻辣"和"纯爱"连在一起。据说这里有一个很适合恋爱的地方，恋人们将誓言刻在锁上，两人一起把锁锁住，把钥匙丢掉，就会天长地久。一心渴望爱情的人们，谁又会去怀疑传说的真伪？看着那密密麻麻刻满字的锁，只希望天下有情人终成眷属。

小田原城位于东京西面，相模湾的旁边。1495年，北条氏将这里作为都城，开始了他们对关东近百年的统治。北条氏创造了日本历史上的"城下町"，以自己的居城为圆心，不断扩张着统治半径，将周围的城镇囊括进去，多次进行扩建，筑起了一座

坚固的工事之城，在全日本以其易守难攻而出名，保持了北条家近百年的安泰。

在神奈川走一圈，仿佛是沿着日本这么多年来发展的轨迹而行。每个城市都是一部独立的华彩乐章，它们共同在神奈川奏响了一曲壮烈的史诗交响。既有日本古典风情的含蓄幽怨，也有现代化程度发达的活力四射；既有日本民族传统的和风韵脚，还洋溢着浓厚的异国情调。

或许我们再也回不去灌篮高手时的青春年少，但心中的那个神奈川却一点点的清晰起来，它不会再是只出现在漫画里的虚幻的影子。因为这一座座名城，一处处名胜，神奈川正在一点点的形象化起来，原来我们也曾与年少时的梦如此接近。

✤ 华灯初上，神奈川告别白天的喧闹，将静谧与安逸呈现给劳累一天的人们。

Aichi
爱知

沟通东西之桥

爱知曾在战国时代为日本贡献了三位名垂青史的豪杰，今天它成了日本发达的工业区之一，还是全日本都引以为傲的丰田汽车产地。战国时代的文化印记与今日先进的工业文明交相辉映，塑造了一个崭新的爱知形象。

❀ 名古屋市电视塔旁的"绿洲21"是一个复合大型建筑，包括"水之宇宙飞船"、"绿色大地"、"银河广场"等多处设施，是著名的观光热点。

爱知县位于日本本州中部，南临太平洋，首府为名古屋市。它早在德川时代就是日本的农业中心，随着公路、铁路交通的发展，成为日本第三大工业密集的中京工业区。

爱知的地理位置优越，位于古之江户和大阪之间，是连接关东和关西两地的交通要道，随着两地的经济文化交流而得到了飞速地发展。日本战国时代最著名的三大豪杰——织田信长、丰臣秀吉和德川家康全都出生于爱知县，小小地方竟然出了三位顶天立地的大人物。有关三人生平的史迹和遗址遍布爱知，形成了极为浓厚的古代文化氛围。特别是德川美术馆、热田神宫的宝物馆和蓬左文库，都收藏着德川家世代相传的文物。

爱知的名城很多，各有各的长处，各有各的特色。首推自是名古屋。德川家族世代居于此，德川家康还建造了著名的名古屋城，作为日本珍贵的历史文化遗产流传至今。强大的"名人效应"将名古屋发展成为日本如今数一数二规模的大都市。融汇了江户、大阪、京都三方影响的名古屋，形成了自己独特的文化风格，今天已是东海地区的政治经济文化中心。每年10月的名古屋节，有专门纪念战国三杰的游行，由市民们装扮而成三位古代大人物以及他们的家仆妻妾，多达千余人。浩浩荡荡的队伍绵

延近1千米，蔚为壮观，既是对历史的追思缅怀，也是在今昔的游乐狂欢。

瀬户市也是爱知名城，被称为日本的"瓷都"，这里出产日本质量最好的陶器和瓷器，至今日本陶器仍然被称为"瀬户物"。爱知的另一个城市听上去则更为贴近我们的生活，那就是大名鼎鼎的丰田汽车产地——丰田市。爱知是日本汽车工业发展的中心，丰田汽车对于爱知的经济起了巨大的推动促进作用，不但是全爱知，也是整个日本的骄傲，它正在大步的从爱知迈向整个世界。若来到丰田旅游，则一定要去参观丰田的汽车装配生产过程，感受一下丰田人引以为傲的高效率工作。

由于地处关东、关西之间，爱知的文化不可避免地成为东西文化的杂烩融合，在历史上就曾为东西的交流沟通发挥过重要的作用，日本人普遍认为爱知人质朴刚健，看重实际利益和实用价值。正是他们建造起了今日发达、繁荣的爱知。

战国时代的文化印记与今日先进的工业文明交相辉映，塑造了一个崭新的爱知形象，穿梭在古今名址之间，如时空转换，留下的是爱知在历史长河中的不朽光辉。

✤ *爱知县丰田市的香岚溪，以秋季美艳的红叶而闻名。*

✈ 搜索地标：本州西南部

Hiroshima
广岛

举国之殇

一场惨烈的大爆炸让广岛受到了全世界的瞩目。如果时光可以倒流，广岛人可以自己选择，他们一定希望平静地过着自己的生活，不受关注，没有战争，远离伤害，日子如流水般平静。

作为日本的一个县，广岛尽管拥有着可能令你心动的美景或者古迹，然而"广岛"这个名字令全世界所刻骨铭心的，显然还是它的首府——广岛市所背负的历史的沉重惨烈，发人深思。广岛市，本来只是本州西南部的一个小城市，百万人在面积不大的土地上平静地生活着，直到1945年8月6日，一颗原子弹将所有的平静划为齑粉，奏响了第二次世界大战最后的严酷篇章。广岛成为世界上第一个被核武器轰炸的城市，这是一个何等惨烈悲壮的记录。原子弹事件被永远深刻地烙在广岛，乃至整个日本的历史中，成为一段不能触碰的伤痛。

战后的广岛被议会宣告为和平纪念都市，修建了和平纪念公园。最接近引爆位置的幸存建筑物被命名为"原子弹爆炸圆顶屋"，这是爆炸中未被完全炸平的少数建筑物之一，1996年被列入《世界遗产名录》。如今，它顽强地矗立在这片受过伤的土地上，奇迹般保持着一个完美的半圆形的穹顶，时刻提醒人们对于轰炸事件的记忆。

尽管新一代广岛人并未经历当年的切肤之痛，但是故乡所经历的灾难却是他们心头永远不曾忘却的伤，没有人比他们更能深刻地认识到战争与核武器给人类带来的危害。广岛人一直在为废除核武器，寻求和平而竭尽全力。1968年以来，世界各地每次有核武器引爆，他们都会在纪念碑下组织抗议活动。

广岛和平纪念公园的每一个角落都体现着和平的

❋爆炸慰灵碑呈马蹄状，中央停着一口大石箱，里边塞满了爆炸死难者的名字，由于数目太过巨大，中途曾不得不更换更大的箱子，以存放更多的姓名。

主题，"和平之火"台上的火焰至今还熊熊燃烧，建设者的本意是让它燃烧到核武器从地球上消失的那一刻为止，而现在来看，或许它会一直燃烧下去了。全世界和平的希望看上去如同暗夜里的火光一样渺茫，但是广岛人从未停止过努力。呼唤和平的雕塑在广岛处处可见，感动了无数的游人。

❀ 广岛县宫岛的红叶谷公园，是全日本观赏红叶最著名的地点之一。

1950年，逐渐走出战争阴霾的广岛开始了有规划的重建工作。日本式的顽强和坚韧被发挥得淋漓尽致，短短几年时间，被夷为平地的广岛市内已经是新式现代建筑林立，独特的运河生态系统风光明媚，便利的路面有轨电车系统四通八达，成为日本一个重要的工业城市。在国际上也越发受到重视，许多有关和平、社会议题的国际性会议都选择在这座意义特殊的城市召开，1994年，广岛市更是成功举办了亚洲运动会，向整个世界展示了一个浴火重生的新广岛。

历史虽然已经过去，但是战争的创伤依然深刻。爆炸慰灵碑上篆刻的那句话是所有经历过战火的人民最由衷的心声——安息吧，战争错误不再重演。

④ 岛根

·神话背后

历史上的岛根县是一个颇具神话色彩的地方，至今还拥有众多古老的神社遗迹。出云大社地位超然，俯瞰众生。若褪去神明的面纱，得天独厚的优美风光与丰厚物产，也足以让岛根引人瞩目。

❋ 碧野梯田，幽蓝海岸，无不散发着岛根特有的优雅、庄严和神秘。

岛根县位于本州岛的西南部，北临日本海，海面上的隐岐诸岛也是其领地，隔海可以遥望到朝鲜半岛。南部绵延的群山是中国山地的一部分。古时的岛根就以其优越的地理条件，作为面向中国大陆及朝鲜半岛的门户，为各国的文化经济交流，以及日本古国的形成起到了重要的作用。

历史上的岛根县是一个颇具神话色彩的地方。古时这片土地上曾有三个独立的小王国——出云、石见、隐岐，留下了许多古老的神社遗迹，许多神话故事以及传统的拜神活动流传至今。隐岐岛是古代两位日本天皇的流放地，在这个孤零零的小岛上形成了独特的日本皇室文化及离岛文化。无论是虚无漂渺的神仙，还是高高在上的天皇，都离我们颇为遥远，加重了岛根原本就神秘的色彩。近年来，岛根县发掘出了大量的铜剑、铜铃等古代文物，使得岛根的历史更为扑朔迷离。

出云大社不但是岛根县大大小小神社的代表，也是全日本最古老的神社之一。它始建于1744年，位于岛根县出云市，在全日本所有的神社中，唯有它被冠以“大社”之名，供奉着被称为“国中第一之灵神”的大国主大神。无比尊崇的神仙自然拥有地位超然的神社。出云大社气派非凡，规模宏大，拥有全日本第一的庞大鸟居。入口设在山墙一侧，仿照的是日本古代贵族豪宅的式样，正殿则更为巍峨雄伟，远远超过伊势神宫的规模，给人以十足的庄严肃穆之感。就连参拜方式也比一般神社多了两次拍掌，这成为出云大社的独特象征之一。

据说来到出云大社祭拜的人，都可以得到美好的姻缘，这吸引了众多的善男信女慕名而来，每天的参拜者都是络绎不绝。大社神乐殿悬挂着一个重达5吨的巨型稻草结，十分引人瞩目，在这里拿着硬币向上丢，若能落在结上不掉下来，便会交到好运。所有来神社的人都要去试验一番。

揭开神明神奇的面纱，褪去光环的岛根处处都是自然之美丽风景，大自然的恩惠使得岛根县不必依附神明，只是用得天独厚的优美风光与丰厚物产，便能吸引来艳羡的目光。

岛根一年四季气候分明。春夏两季百花盛开，山明水秀，深秋红叶漫山，冬季白雪皑皑。松江城、津和野都是历史悠久、风貌古朴的小城，至今还保持着传统的古风韵味。穴道湖是日本著名的旅游景点之一，尤以日落时分的夕阳最为美艳壮丽。金灿灿的晚霞映照在湖面上，摇起一只小船随着水波荡漾，别有一番风情。晚上再去品尝一番岛根特有的料理——烤飞鱼和出云面，这都是只有在岛根才能吃到的美味。酒足饭饱之后，玉造温泉和松江温泉早已敞开大门，等着为你解除一天的疲累。

我们不把未来的命运托付于神，我们只相信我们的双眼见到的神奇。虽然岛根看上去如同不食人间烟火的神仙殿宇，我却更愿意在这个魅力无穷的地方吃喝玩乐，赏景探奇。

出云大社神乐殿，巨大的稻草结最引人注目。

Okinawa
冲绳
· 日本 "夏威夷"

作为昔日的古琉球国，今日的美国驻军所在地，冲绳自古以来便是个充满争议的地方，背负着历史赋予的沉重感。但是对我等普通民众而言，冲绳只意味着大海与沙滩，美丽的海滨景色，无边的惬意与休闲。

冲绳县位于日本的最西南端，由60多个小岛组成，与中国的台湾岛仅有一海之隔，从古至今便是兵家必争的军事要地。因其海上交通便利，自古便与东亚和东南亚诸国保持着密切的交流和贸易活动，受其影响，与日本传统的风俗文化、饮食习惯、建筑风格存在一定差异。虽然它今日隶属于日本，但在古时却是个独立的国家——琉球王国。

独特的经历和神秘的文化，吸引了众多的游客前来冲绳探访历史的印记。那霸是冲绳县的首府、政治经济中心，但无论是经济发展水平还是城市建筑规划，都与日本本土有着不小的差距，景色清幽，民风质朴。虽然没有逼人的富贵繁华，却比其他城市多了几分惬意和悠闲，喧嚣落下而温情浮上。

昔日琉球国成立时建造的首里城，是游客必到的观光地。站在城头可以居高临下俯瞰整个那霸。其实它只是古之首里城的复制品。那个曾经延续了一个国家数百年辉煌的皇宫，早成了一片废墟，如同古琉球国一样，湮灭在历史的尘埃之中，却给了今人无限遐想的空间。那座金碧辉煌的都城，那个遥远的国度，存在于每个人无穷无尽的想象之中。

✤ 距那霸30千米的古琉球村是一个以古琉球文化为背景修建的主题公园，生动地再现了当年琉球人生活的环境。

作为一个旅游城市，冲绳最吸引人的地方还要数它迷人的亚热带海洋风情。这里一年四季温暖如春，气候宜人，一望无际的海水如蓝宝石般清澈明净，色泽鲜艳的珊瑚礁在海水中若隐若现，海边是柔软细腻的白沙滩，椰子树在蓝天白云的背景之下分外挺拔，各种亚热带植物争奇斗艳，好一幅美丽的自然风景画，难怪这个小岛有着"日本夏威夷"的美称。

相比于探访历史的沉重感，大海则是一个能让你完全纵容身心的地方。举一大杯冒着泡沫的啤酒，烧烤海鲜的香气一个劲地往鼻子里钻，在海边沐浴着海风大吃大喝，看海边有人卷起裤腿沿着沙滩奔跑，踏浪嬉戏，自己的心也情不自禁随着弹拨的琴弦起伏。那一刻，时光仿佛突然停止，冲绳，只有属于我们的大海般深邃的快乐！

❋冲绳的海浪分外慵懒温柔，将这里数不尽的多姿多彩层层呈现到人们面前。

搜索地标：本州中西部

Nara

6 奈良 · "东方罗马"

奈良是日本著名的国际文化大都市，历史上日本佛教的中心。虽然今日的奈良也有一条条宽阔的大道，一个个现代化的工厂，一座座新兴的高楼，但仍难以盖住它骨子里散发出的传统气质。这个地方更像一座大的古典公园，带着盛唐文明的影子，宁静的如同进入了一个出尘的世界。

❀十津川村是位于奈良最南端的一个村落，也是奈良著名的温泉乡。

在日本提起古都，怎能少了奈良？当年鉴真大师为佛教在日本的发展呕心沥血，耗尽了毕生的精力，终将这一身佛骨留在了奈良的土地上。从此奈良与中国，有了扯不断的情丝万缕。

奈良县是位于日本本州中西部的一个内陆县，奈良市是它的首府，日本著名的历史文化之都，国际化的文化旅游名城。登上新干线，从大阪向东行40分钟，便到了一处山明水秀之地，这就是奈良市。将奈良与京都、大阪在地图上连在一起，便构成了一个三角形，正是这个三角形架构起了日本的历史。

自远古以来，奈良地区便有人类居住，710年～794年，是日本历史上的奈良时代，奈良作为当时日本的首都，名为"平成京"，经历了七代日本天皇的统治。大唐高僧鉴真东渡日本，落脚于奈良，几经辗转，最终在奈良度过了自己不凡的余生，圆寂于奈良西郊的唐招提寺。因此奈良在日本佛教中的地位亦是超然，成了全国的佛教中心、佛教徒顶礼膜拜的圣地。奈良时代是

这座城市发展最迅猛的时期，那时便已有常住人口约20万。与唐朝频繁的文化交流给奈良留下了明显的时代印记，建筑也多效仿唐都长安的风格，保持至今。1898年，今日的奈良市正式成立，在众多古迹遗留的基础上建起了怀古的奈良公园，新修的铁路连接起了奈良与京都这两座文化名城。1950年，奈良被宣布为国际文化大都市，成为国际旅游胜地。有人称其为"东方罗马"，以罗马对整个西方的影响力，来彰显奈良之于日本历史文化的重要地位。

从古至今，奈良一直是孕育日本先进文明的摇篮，日本的文化精华悉数沉淀于此，尤其是在奈良时代，以首都的身份，得到天皇各方面的庇护。而整个城市最醒目的莫过于弥漫大街小巷的浓厚的佛教气息。

奈良时代，日本正在全面接受中国盛唐文化的影响，出现了日本第一次文化的全面昌盛。派往中国的遣唐使和留学生对于日本文化和美术的繁荣起着极为重要的作用。受统治阶级的影响，

✤**奈良公园的浮身堂秋景。**

✤ 东大寺历史悠久，完全以木材建成，是日本最大的庙宇之一。

佛教在这一时期如日中天，受到高度重视，开始在整个日本，尤其是奈良迅速发展起来，鉴真高僧的东渡更是为日本佛教带来了吹拂繁荣之花的春风。奈良开始兴建佛教寺庙、佛像，配以仿唐风格的堂皇的绘画和华丽的装饰。一座座千年古刹如同一座座佛教文化的博物馆，为今人展示着古代的杰出艺术，见证着中日两国友好发展的历史，叙说着奈良时代这个城市盛极一时的辉煌。

东大寺是世界历史文化遗产之一，木制的大门楼规模宏伟，透着一股沧桑的味道。752年东大寺著名的大佛开光落成，佛教的影响力一时间达到了顶峰。这尊"毗卢遮那佛"以全铜浇铸而成，外表镀金，身高16米，是世界上现存最大的铜佛像，如守护神一般慈眉善目的庇护着奈良城。可惜的是后来两度毁于战火，今日我们看到的佛像是17世纪重修的，只有铜莲座上的莲花瓣还是8世纪遗留下来的珍贵文物。经此教训，为了保存奈良完整的文化格局，政府规定一切古代建筑不得拆除毁坏，也不能随意兴建现代建筑。于是我们看今日的奈良，略带了几分陈旧，城市算不得繁华，却蕴含着一番独特的古朴韵味。

除了寺庙，神社也是奈良的风景之一。著名的春日大社坐落在城东，它是春日山12座神社的统称。春日大社分布在一片茂密的森林当中，一道细小的石阶蜿蜒向上，通入山中，更加显得春日大社神秘莫测，神力非凡。夜幕降临后，漫山的灯笼燃起，彻夜长明。春日大社的主殿外形也有些中国古寺风格，大红的屋梁门柱，颇为喜庆。周围的池塘草地上时常可见鹿出没的身影。鹿是奈良传统文化中的圣物，它的出现是祥瑞之兆。这端庄古朴的风格，恍然将人带入了千余年前的奈良古都时代，游离于历史的隧道中，聆听神明的教诲，难以回转心思。

✤ 春日神社小径两边排列着无数的石头灯笼，在幽静的密林中显得有些落寞。

虽然今日的奈良也有一条条宽阔的大道，一座座新兴的高楼，但仍难以盖住它骨子里散发出的传统气质。这座城市更像一座大的古典公园，带着盛唐文明的影子，宁静的如同进入了一个出尘的世界。从奈良的身上，我们更能感受到中国与日本一衣带水、文化相近的亲切之感。虽是身处异国，却并无太多的陌生感，一颦一笑都可心领神会。看来这座千年古都启迪着我们对日本更深层的思索与探寻。

搜索地标：日本中部地区

Nagano

⑦
长野

冬季恋歌

人们对长野最深的印象恐怕便是1998年的冬季奥运会。因为奥运，长野变得举世瞩目，它丰富的旅游资源也越发受到人们的重视，滑雪登山，露营温泉，其乐无穷，古之信浓的荣耀正在点点滴滴渗透进人们的心中。

❀ 落雪飘飞的季节，披上银装的长野素净淡然，神奇地为人们展现出一个幻境般的冬日桃源。

提起长野，大概你头脑中的第一反应便是1998年的冬季奥运会。还记得开幕式上明仁天皇宣布了奥运会正式开幕，著名的花样滑冰世界冠军伊藤绿身着华丽的日本传统服装，如仙女般缓缓升起，点燃了奥运火炬，圣火熊熊燃烧，点亮了长野的天空。原来古代和风十足的日本仪式，可以精彩若此。

　　长野是日本较为罕见的内陆县，有"日本屋脊"的美称。东西两面都有高山林立，山峦叠嶂起伏，号称"日本的阿尔卑斯"，其中木曾山脉的桧林是日本三大美林之一。因海拔较高，北部属于日本海式气候，多降雪，在全球都属于冰雪覆盖最多的地区之一，举办过奥运会之后更是名扬世界，成为日本著名的冰雪旅游胜地。

　　古时候长野被称为信浓，有趣的是，长野今日的县歌歌名还是"信浓之国"，并无提及"长野"这个名字。长野人出门在外，都会说自己是从信浓而来，看来实在是信浓的名头太过响亮，以至他们对今日的长野之名不够满意，依旧深深眷恋着信浓时代的辉煌。那时候信浓路是沟通东西的大路，信浓的蚕丝、面条与黄酱名扬整个日本，信浓是他们永远的骄傲，而长野之名则不足道哉。

　　长野虽不靠海，却有着非常丰富的高山湖泊和河流。大大小小的河流从高山上发源，汇入中央星罗棋布的小盆地。这里虹鳟鱼的养殖位居全日本第一，每年都要放养鲑鱼苗于千曲川，一个简单的放养活动却被长野人赋予了脉脉温情，他们说这是要让鲑鱼记住自己的家乡，长大后再回到此处，足可见长野人对家乡的

✤ 长野的穗高山景色秀美，是日本"阿尔卑斯"很著名的一段。

✤长野拥有的并非只有冰雪和白色。春日间，秋日里，缤纷的色彩则成为这里闲适的田园生活最好的点缀。

自豪和热爱。

长野的观光资源极为丰富，无论是攀山、滑雪还是泡温泉，在长野都可以找到满意的归宿。四个国立公园常年可供观光娱乐。环绕四周的"日本阿尔卑斯山"是日本山岳旅行的最佳选择。西有飞蝉、木曾，东有赤石、三国，登山者可以根据自己的能力挑选合适的山峰攀登。春、秋、夏三季气候凉爽，给人以活力四射的感觉，天高云淡，阳光明媚，最适合远足和露营，在山路上走的大汗淋漓也没有关系，山地里处处都是温泉，正是休息的好去处。到了冬季，冰雪主宰的时候到了，白雪皑皑，给群山披上了一层银色外衣，耐人寻味，冰雪爱好者都活动起来吧，扛起雪具进入这个银装素裹的世界，天气虽寒冷，却自蕴含着无限的乐趣在其中。

早在1940年，长野便取得了冬奥会的举办权，却由于战争的关系与盛会失之交臂，奥运的圣火湮没在二战的硝烟之中。长野人并未轻言放弃，终于再接再厉，击败了众多的竞争对手，争取到了1998年冬奥会的举办权。奥运的圣火终于在长野这片土地上点燃，古之信浓的荣耀被发扬光大，让所有的长野人都为之骄傲。

在我们的心中也有这样一团热情的火焰，那是对长野无尽的期盼和向往，希望我们也能在这片奥运的纯洁土地上，在清冷的冰天雪地中，唱响一曲动听的冬日恋歌。

Gifu

岐阜

飞山浓水的美景

岐阜是日本唯一一个因中国古文化而得名的国家，织田信长将其比做文王的岐山，愿其成为孔子的曲阜。岐阜借了名字的吉庆之气，合璧了日本东西文化的精华，飞山浓水，钟灵毓秀。

岐阜的得名与中国文化颇有渊源。古时此地本名"稻叶山城"。1567年，织田信长攻克此地，怀着极大的野心，将稻叶山城更名为岐阜。

要知道，这个名字可并非信长随便思索而得，而是寓意颇为深远，而且与中国渊源极深。"岐"字取周文王起事于岐山之意，暗中寓意自己也将成为日本的革命者，新时代的正义之师，做好了统一天下的准备；"阜"字则取自孔子的家乡曲阜，希望此地能如同圣贤之乡一样繁荣太平，可见织田信长也并不是一介

✤绿油油的稻田，衬着远山，正是"稻叶山城"最好的写照。

武夫，对中国文化颇有心得，岐阜城之名自此一直沿用至今。

　　岐阜是一个内陆县，北边坐落着雄伟的飞驒山脉，海拔3000多米，英姿挺拔；南边则是宽阔清澈的美浓河川，水色潋滟，风情旖旎。南北风景高山流水，对比分明，自古以来就被称为"飞山浓水"，景致怡人。飞驒与美浓在日本历史上是两个独立的古国，岐阜将其合二为一。作为南北交通的重要通道，日本东西文化的交汇之处，岐阜在战国时代就有着"得之者得天下"的说法，成为历史上战争四起、硝烟弥漫的大舞台。1600年，德川家康为统一天下，在此与敌人决一死战，这便是日本历史上著名的关原之战，以德川家康的最终胜利而告终。正是这场著名的战役奠定了日本近代幕府的统治根基，开始了德川家在日本300年的太平盛世，岐阜也因关原古战场而颇具名声。

　　岐阜的风景分为山与水两个群落。北部飞驒山、两白山的丝柏和杉树是日本著名的三大美林之一。林海无边，郁郁苍苍，是登山和野营的最佳去处。沿飞驒川而下，是著名的下吕温泉，从江户时代，下吕温泉便是日本著名的温泉之一，现在的温泉旅游业极为发达，温泉旅馆林立。慕名而来的游客们不但能舒舒服服地泡个温泉澡，还能欣赏到当地精心准备的传统文化节目。宇津

❀ 著名的白川乡合掌屋，就
位于岐阜县。

江川中流的宇津江四十八瀑布则洋溢着另一种风格的景色，大大小小48个瀑布各具特色，有的声势宏伟，有的细腻清凉，魅力独特。

长良川是岐阜另一处热闹的地方，这里的鲇鱼是日本名产之一，只吃当地水中的青苔，所以一般方法难以捕获，只有用本地驯养的鱼鹰才能捉到。于是，鱼鹰捕鱼成为本地充满特色的一大景观，延续了1300年的历史。每年5月中旬到10月中旬，这里都会举办鱼鹰捕鱼的表演盛会，游人乘着观光船泛舟湖上，既能欣赏河川美景，又能观赏到这一传统特技。

看渔夫轻松地驱使着鱼鹰，淡然自若，手法风雅；鱼鹰身形夭矫，灵活轻盈，如一卷充满乡野情趣的古典水墨画，人便在这画中游。7月末，长良川还有著名的焰火大会，万朵烟花齐发，绽放在夜空之中，映衬在河面之上，虚实掩映，熠熠生辉，景象十分壮丽。如此盛大的场面要持续两周之久，长良川每个夜空都在烟花的映照下变得绚丽多彩。

既能发现关西的风俗，又可找到关东的影响，位于中部的岐阜吸收了日本文化东西合璧的精华，愿它像曲阜一样，得圣贤之道；如岐山一般，有彩凤长鸣。

✈ 搜索地标：本州最南端

Wakayama
和歌山

原汁原味的日本

和 歌山城改变了和歌山这个小渔村的面貌，这个钟灵毓秀的地方，孕育了诸多的旅游资源和物产。凡是到过和歌山的人，无不感叹那处处的惊艳。从美景、美食、名花，到古迹、温泉，体验的都是最原汁原味的日本风情。

❀和歌山面向太平洋，西邻濑户内海，被大海和青山包围着，空气清新，气候温和，海岸线曲折漫长。

和 歌山本是纪川河口的一个小渔村，它的崛起与日本历史上的一位名人息息相关，这便是大名鼎鼎的武将丰臣秀吉。16世纪后期，丰臣秀吉征服了这片土地，在伏虎山筑起了一座宏伟的和歌山城，从此开启了和歌山的历史。凡是到过和歌山的人，无不感叹那处处的惊艳。

今日这里已成立了和歌山县，它位于本州岛的最南端，纪伊半岛的和歌山平原上，北接大阪府，东接奈良与三重，有着丰富的自然环境，孕育了诸多的旅游资源和物产。县内有600千米以上的壮丽山岭、秀美的变化莫测的海岸线，与清澈的溪流、奔腾的瀑布共同构成了炫目的景色，在全国都享有盛名，是长期受到大自然滋润和历史眷顾的地域。

全县有3/4面积为山野，无边无际，林叶茂密，仿佛隐藏着神仙的身影。以熊野三山和高野山为代表，它的深山地区充满钟灵毓秀之气，自古以来都被看成是圣地，为世人所信奉和敬畏。因沿海地壳运动频繁，山地反复隆起沉降，形成了极为复杂的地形，即使是在被信奉的灵地之内，也随处可见各种奇岩怪石，在苍翠林地的掩映下，营造出神秘幽静的气氛。以"纪伊山地的灵地和参拜道"为名，这里已经被永久地载入了《世界遗产名录》中。

和歌山市是和歌山县的首府，政治、经济、文化的中心，风景秀美如画。春天的樱花、夏天的海水浴、秋天的野营，无一不吸引着大批的游客，将和歌山变为一处著名的旅游胜地。和歌山城位于和歌山市中心，是市内最重要的建筑，也是和歌山的象征，它与松山城、姬路城合称为日本三大连立式平山城，是日本珍贵的国宝级建筑，纪之川流经和歌山城的北部，是城堡天然的护城河。在丰臣秀吉之后，德川家族掌管了这座城池，将其作为自己的居所。1619年德川赖宣入城，和歌山城日渐繁荣，形成了“城下町”，规模越来越大。可惜的是在二战中烧毁于美国的轰炸，今日的和歌山城是1958年仿照古迹重建而成，虽不再具备珍贵的历史价值，面积也只剩下原来的1/4，却为游人们真实地再现了昔日古城的风貌。

如今的和歌山城已变成了观光游览的城堡公园，普通民众也有机会登上当年幕府将军家宅的城楼，体会贵族们的生活环境。在城堡的瞭望楼上能看到和歌山市的全貌，身处古代的城楼上，看到的却是和歌山市干净整齐的现代美景，古今相交汇，如同时空隧道中的撞击，别有一番风味。

和歌山的海岸景观也相当著名，盛产各种海鲜，一向是吸引游客的焦点。东南部的太地渔港是日本最著名的捕鲸基地，建有世界最大的鲸鱼博物馆。那智胜浦渔港的鲔鱼捕捞数量居全日本

✣和歌山兰岛的梯田，是日本最负盛名的梯田景观之一。

❈具有传统风格的街道小巷，透出浓浓的和式风情。

第一，鲔鱼成了这里最具特色的美食，由于盛产的缘故，在和歌山县随时都可以吃到刚刚捕获上岸的最新鲜的鲔鱼生鱼片，还可尝到其他地方没有的鲔鱼内脏料理，滋味鲜美，极为独特。

市南部的和歌浦海滩，是日本最美丽的海岸风景之一，数百年前这里便已为人所知。穿过海边山崖上曲折的小路，转过海蚀造成的岬角，原来这之后别有洞天。洁白的沙滩平坦辽阔，奇形怪状的礁石星星点点地分布其上，与海上浮起的小岛相映成趣。北面的景点有玉津岛神社、观海阁、不老桥等，东面就是海水浴场，朵朵阳伞如花朵般绽放在海滩上，海水中满是嬉戏游乐的人群。海岸边还有阶梯状分布的民房，给热闹的海滩增添了几许温馨的气氛。

和歌浦港湾中飘着一座人工小岛，是1994年世界海洋度假博览会的会址。这座小岛名为玛丽娜城，是日本首创的漂浮式填海造田的人工岛，在博览会之后发展成为国际化海滨度假旅游胜地。虽然岛屿面积不大，设施却极为完备，为来到和歌山的人提供了一个享受生活的好去处。

虽然和歌山市内也可赏樱，但位于名草山山腰上的纪三井寺才是和歌山最著名的赏樱之地。这里的樱花花期较早，在全日本屈指可数。每年2月便可看到樱花俊逸的身姿，急切想看到樱花绽放的日本人到此早早地进行"花见"之旅，参拜的人络绎不绝，将平日宁静的寺庙变得热闹非凡。淡淡的樱花清香让人仿佛置身仙境。但赏樱的道路也并非那么容易，要经过狭窄的山路，陡峭的石阶，方能进入寺内，欣赏到早樱的绝美风韵。向远眺望，依稀能看到和歌浦海滩及玛丽娜城的轮廓，此时那壮观的景色都已变得如庭院式盆景一般精致小巧。

关西地区本不以温泉见长，但和歌山东南部却拥有著名的温泉疗养地——白滨温泉。这里是日本最古老的三大温泉乡之一，给了喜欢泡汤的旅行者一个大大的惊喜。目前这里有120多个泉眼，90多家温泉旅馆。在春天的夜里，泡在海边特制的露天风吕之中，遥望海面上星星点点的渔火，聆听着海浪拍打沙滩的声音，心随着潮水有节奏的起伏着，在温柔的海风中昏昏欲睡，真是绝妙的泡汤体验。

从美景、美食、名花，到古迹、温泉，身在和歌山，体验的都是最原汁原味的日本风情，让人心心念念，不愿离去。

❀和歌山县的那智瀑布落差133米，号称"日本第一瀑布"。从青岸渡寺的三重塔可以观望到这个大瀑布的全貌。

搜索地标：本州西北部

Akita

10

秋田

· 鱼米之乡

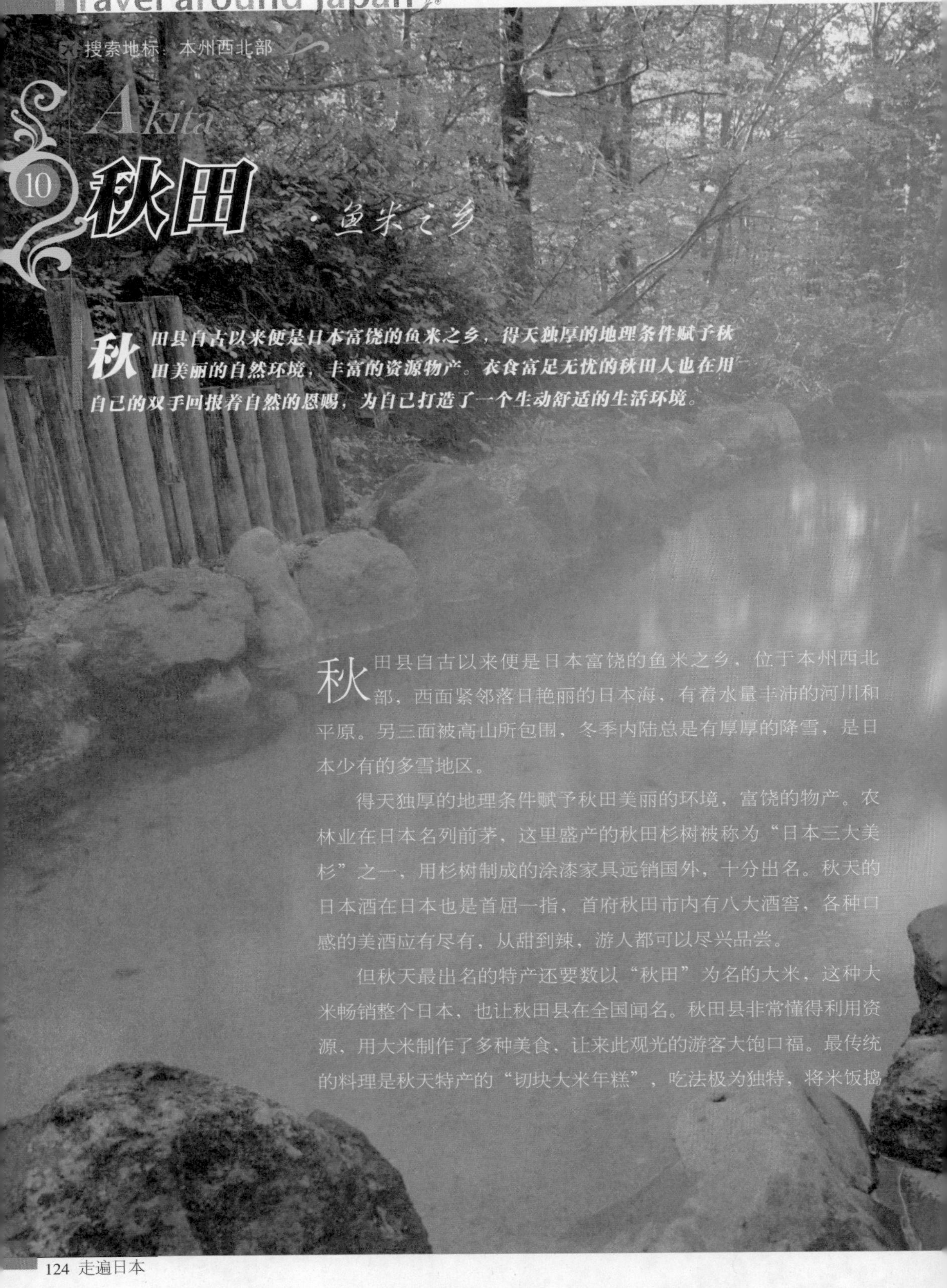

秋田县自古以来便是日本富饶的鱼米之乡，得天独厚的地理条件赋予秋田美丽的自然环境，丰富的资源物产。衣食富足无忧的秋田人也在用自己的双手回报着自然的恩赐，为自己打造了一个生动舒适的生活环境。

秋田县自古以来便是日本富饶的鱼米之乡，位于本州西北部，西面紧邻落日艳丽的日本海，有着水量丰沛的河川和平原。另三面被高山所包围，冬季内陆总是有厚厚的降雪，是日本少有的多雪地区。

得天独厚的地理条件赋予秋田美丽的环境，富饶的物产。农林业在日本名列前茅，这里盛产的秋田杉树被称为"日本三大美杉"之一，用杉树制成的涂漆家具远销国外，十分出名。秋天的日本酒在日本也是首屈一指，首府秋田市内有八大酒窖，各种口感的美酒应有尽有，从甜到辣，游人都可以尽兴品尝。

但秋天最出名的特产还要数以"秋田"为名的大米，这种大米畅销整个日本，也让秋田县在全国闻名。秋田县非常懂得利用资源，用大米制作了多种美食，让来此观光的游客大饱口福。最传统的料理是秋天特产的"切块大米年糕"，吃法极为独特，将米饭捣

成年糕，裹在细细的钳子上，放在火上烤熟，清香甘甜，既可直接食用，也可以放在火锅里，辅以鸡肉、蔬菜，用汤汁熬炖，就成了最美味的名为"切田圃锅"的火锅。吃着香喷喷、热腾腾的火锅料理，烫一壶米酒，就算屋外寒风凛冽，屋内也是热火朝天，连一家人团聚一起捣年糕的声音听上去都是温馨的音符，秋田的生活就是如此简单的幸福。

秋田物产丰富，生活安逸，人们在料理方面下的心思也就尤其多，这里还有一种特殊的料理——"雷鱼寿司"。每年12月都是秋田捕捞雷鱼的季节，因秋田12月便已落雪，经常相伴雷鸣之声，所以在这个天气捕上来的鱼被称为"雷鱼"。在秋田县，家家户户都会依照传统习俗来制作"雷鱼寿司"，自江户时代流传至今。每年这时候，秋田都如过节般热闹，与其说是美食令人垂涎欲滴，不如说古老的传统依旧在迸射旺盛的活力。

夏收时分，丰收了的秋田人都要渡过古老的"竿灯节"，这是在东北地区最重要的三大民俗传统节日之一。垂挂46盏灯笼的高大竿灯形如稻穗，用来祈祷风调雨顺，五谷丰登。竿灯高12米，重50千克，但舞灯者却将其或托于手掌，或顶于额头，或支于肩，或撑于腰腹，让人看得眼花缭乱、胆战心惊。每年8月节日期间，天天都有200支竿灯塞满大街，其绝技叹为观止。

多彩的大自然赋予秋田种种魅力，这里有日本水深第一的田泽湖；海岸线绵长、夕阳景色优美的男鹿半岛；以神秘莫测的自然美著称的十和田湖；雄伟高大、被誉为"秋天富士"的鸟海山。湖光山色，数不胜数。首府秋田市位于秋田县的中部，是一座绿荫成行，花香鸟语的小城，在东北城市中仅次于仙台的规模。人称"金光闪烁的北方城市"。

俗话说"仓廪足而知礼节"，衣食富足的秋田人，用自己的双手回报着自然的恩赐，为自己打造了一个生动舒适的生活环境，展现出古朴优雅的市街风情。

✈ 搜索地标：九州北部

Fukuoka
福冈

亚洲最宜居的地方

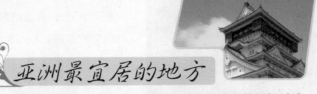

作为九州地区的政治、交通、娱乐、信息中心，福冈给人的感觉是轻松活泼，人杰地灵，美景美食皆令人心醉，没有东京那般逼人的压力和紧张的节奏，也许这正是福冈市曾经被评为"亚洲最适宜居住的城市"的原因吧。

作为日本九州地区的政治、交通、娱乐、信息中心，福冈县无论是历史悠久的古迹，还是现代化的娱乐设施，在日本都闻名遐迩。它的首府——福冈市更是集中体现了这种繁华，每天都是熙来攘往、热闹非凡，充满了时尚活力的元素。

初到福冈，第一印象便是非常的干净舒适，尽管也是重要的大城市，却没有东京那般高楼鳞次栉比的豪华气概，即便是最高的建筑物——福冈电视塔也只有234米。然而整个城市的感觉却非常现代化，又轻松活泼，没有东京那般逼人的压力和紧张的节奏，也许这正是福冈曾经被评为亚洲最适宜居住的城市的原因。

福冈被博多湾环绕，与朝鲜半岛一海相隔，在江户时代曾是重要的商业口岸，今日的交通条件也在全国遥遥领先，水陆空交通系统四通八达，电车和新干线密布。博多是连接市内外的交通枢纽，也是福冈最繁华的区域之一。博多运河城是著名的大型综合商业设施，满足了人们吃、看、玩的各种需要。一条人工的运河穿过建筑物，水流轻柔，说不尽的舒缓雅致。

福冈的另外一个中心区域——天神，是热闹的购物中心所在地，有着"九州第一闹市"的美誉，百货大楼、时装商铺、众多的饭店餐馆比肩

❋ 紫藤与樱花都是深受日本人喜爱的春日之花。福冈八女郡黑木町的紫藤尤为著名，被指定为天然纪念物。

林立，休闲购物一族绝不可错过。白天逛街购物，在阳光明媚的下午喝一杯咖啡，夜晚品尝美食，享受着最轻松的福冈夜生活。

说到"吃"，所有来福冈的人都知道福冈的食物物美价廉，以"食之都"闻名全国，集中了从日本到世界的各种美食，所以品尝福冈的名产也是福冈之游不可或缺的环节之一。拉面是日本传统美味之一，福冈的博多拉面在全日本首屈一指，鲜美的猪骨汤底，无人能出其右，单是闻上一闻便勾的人垂涎欲滴。

福冈不但拥有众多传统的寺庙和神社古迹，还坐落着现代化十足的机器人广场和日本最高的摩天轮。传统与现代交替点缀着这座活力四射的城市，让每一个踏足于此的人都充满了极致且鲜有的新奇感和满足感，永远不会疲劳。

在极目远眺的时候，所有的压力与烦恼，在那一刻都可以被无边无垠的海天所包容，人都融化在轻柔的海风之中。福冈便是这样一座能让你卸下重担的神奇的地方。

✽九州市的小仓城是这里著名的象征。游客在天守阁里可以参观游玩，了解当地历史。

Chapter 3

和风特写…

有关日本的 **26** 个关键词

Japan

樱花
日本的符号

我们都曾欣赏过樱花盛开时的灿烂，感叹过它凋落的无奈。作为一种观赏性花木，樱花的美丽令人心旷神怡。然而对于视樱花为国宝和象征的日本人来说，对樱花的热爱已经被溶进了他们的血液之中，此生难以割舍。魅力十足的樱花在日本早已超越了单纯的欣赏价值，而是扎根到了民族文化的深处。

樱花在日本已经有1000多年的历史。日本人自古便喜爱樱花的娇美明艳，将它视做春的化身、花之神灵。严冬之后，正是它率先把春之气息传给人民。日本古语中的"樱时"，意思便是"春天的季节"。每年春天，日本人最关注的事情便是樱花的绽放与凋谢。花蕾结得多少，开得是否灿烂，花朵是不是能躲过风吹雨淋，花落能不能遇上春风。在古代的日本人看来这都与一年的日子息息相关。若樱花顺利开花，洁净地飘落，就意味着整整一年的风调雨顺、五谷丰登。

到了江户时代，随着经济的迅速发展、百姓生活水平的提高，赏樱从宫廷贵族独享的风韵雅事，变成了民间约定俗成的重大活动，逐步演变成了一种固定的风俗习惯。每年4月樱花盛开的季节，日本的热闹不亚于任何一个节日庆典，全国各地都会举办大大小小的赏樱会，聚到樱花树下放歌畅饮，尽情欣赏樱花的美丽容颜，用心去赞美春天，祈求神灵的庇佑。日语中的"花见"一词描绘的便是赏樱之盛况。

樱花盛开时，如一片粉红色的浮云，景色华美壮观，花之怒放，热烈纯洁。千万朵娇嫩的花蕊挤在枝头，争奇斗艳，迎风招展，然而如此美丽的景色，生命却极为短暂。素有"樱花七日"之说，樱花的花期不过短短的七天，甚至边绽放，边凋落，随风伴雨碾入尘土之中，宁静且素洁，将所有的灿烂都回归大地，来去匆匆，刹那间便如雁过无痕，难觅芳踪。满地落花散发出静谧的、银色的光辉，将凋落之景渲染得更加悲壮感伤、催人泪下。

✿樱花盛开时，无人不为它的明艳与美丽而感动。

✿欣然绽放的樱花。

但正是这一点形成了樱花独特的魅力——开得绚烂多姿，落得也是轰轰烈烈。生命短而辉煌，难免让人感叹，正如人生在历史长河中本也短暂，却要尽力如樱花一般绽放，让苦短的人生也能如此烂漫多姿，最终才可从容而去。这种带了几分悲情美感的精神，正是日本人所极力追求和推崇的，他们拼命实现自身价值的人生观、英雄观，就如同樱花的花期，虽短暂却要壮烈。生得有价值，死亦有尊严。"欲问大和魂，朝阳底下看山樱"，大和民族将樱花的品性深深地契合到自己的民族文化之中，凝结成闪亮的民族之魂。

一瞬间繁华满树，一瞬间又尽数凋零，生命不过短短数日，在最完美的时刻也已开始凋零，这样壮烈的生与死怎能不让人感动呢？这样对一种美丽的痴迷与钟情，对一种文化的深切热爱，都是其他国家鲜有的，想必这就是日本文化的底蕴、力量的源泉。

❀ 樱花盛开时绚烂多姿，凋落时也是轰轰烈烈，不禁让人感叹其生命的短暂而辉煌。

❀ 和服将女性的娇柔气质装扮得淋漓尽致，让所有爱美的女性不由心生向往。

❷ 和服 日本的符号

一部日本历史剧《大奥》在国内风靡一时，华丽的宫闱气氛令人过目难忘。那些深居大奥的高贵女子，身着一套套剪裁得体、花色各异的和服，在长长的回廊上莲步轻移，眉目低垂，踩

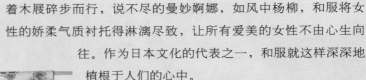

❀和服讲究平面裁剪，并不刻意讲究曲线的勾勒，而是完全以直线营造美感。

着木屐碎步而行，说不尽的曼妙婀娜，如风中杨柳，和服将女性的娇柔气质衬托得淋漓尽致，让所有爱美的女性不由心生向往。作为日本文化的代表之一，和服就这样深深地植根于人们的心中。

和服产生于明治维新之后，打开国门吸纳外来文化时期的日本。细心的人会发现，那宽袍大袖的款式与中国古代的服装颇为神似。那正是中国传统服饰流传到日本，影响了日本服饰，并不断发展的结果。因日本自称"大和民族"，故民族服装被称为和服。和服吸收了中国汉服——唐装的特点，最终发展成为摆长过膝、袖口宽大的"长丈小袖"，确立了和服的基本形式。经过千余年的发展，花色式样繁多，不断地推陈出新，变化万千。你可以把它当成一件普通的民族服饰，也可以看成是一件精美细腻的艺术品，日本民族将他们对艺术的感觉全在其中表现出来。

和服的种类多种多样，分为单衣和夹衣、外袍和内袍等种类。和服衣领左右交压，下摆长及脚踝，上下都没有衣扣固定，腰间系着宽大的腰带。男款一般都是黑、褐、蓝等深色布料，肃穆大气，构造简单。相比之下，女款和服则复杂许多，通常以柔软的丝绸为面料，色彩艳丽缤纷，花纹图案繁复细致，辅以饰物装点，更为美观。最吸引人的莫过于腰带部分。腰带质地为织花或者绣花的绸缎，单条织造，不经裁剪，系在腰间，在背后打结，就连打结的手法都极为考究，细分起来有200多种式样。腰带后部还有一块垫衬，用来撑住腰带的褶饰，于细微处面面俱到。

与其他服装相比，和服的一大特点就是平面裁剪，并不刻意讲究曲线的勾勒，而是完全以直线营造美感。如将一身和服平铺开，是一个完整的长方形，但经过巧妙地穿着，就变成了一件合体的衣服，减少了量体裁衣的局限性，就算是对自己身材没有自信的女性，也能将它穿得漂漂亮亮。虽然直筒状的和服不能展现人体曲线之美，但却烘托出了一种端庄、稳重、文雅之美，另有一种风情蕴含其中，也符合日本人内敛含蓄的气质。日本人对和服的穿着也很重视，不同的场合、时间、职业、年龄，都有不同的和服款式来搭配，加上布袜木屐，古典韵味十足。此外，女性还要根据和服种类梳理不同的发型，穿戴起来一丝不苟，如艺术

❀日本民族将其对艺术的感觉全在和服中表现出来。

品一样精益求精。由于规矩众多，在日本甚至还有专门教人如何穿着和服的"教室"，以免民众在日常穿着中出错，破坏服饰礼仪。

　　重大的节日或婚礼等郑重喜庆的场合，日本人总是会换上和服，以示重视。身着和服，撑起一柄素雅的油纸伞，赏樱踏青，华服美景相映成趣。一个优雅的转身，裙裾轻摆处，便是万种风情。

❀ 布袜、木屐与和服来搭配，古典韵味十足。

③ 日本料理 日本的符号

❀ 日本料理是日本的符号。它特有的烹饪方式和一丝不苟的烹调精神吸引了众多好奇的目光。

　　如今在中国的街头，日本菜正悄无声息地占据了一席之地，总是能在街边看见颇具特色的竹木小屋，门前挂着耀眼的红灯笼，招牌上的店名是个十分地道的日本名字，看着仿佛嗅到了浓郁的烤鳗鱼香，好一阵和风弥漫。

　　日本人称自己的菜为"料理"，受其影响，全世界铺天盖地都延伸开了一种料理文化。"料"即食材，"理"是盛菜的器皿。在他们看来，食材与器皿都是饮食文化的重要组成部分，需要用心去挑选搭配。在当今世界饮食界，日本料理已成为一个重要烹调流派，它特有的烹饪方式和一丝不苟的烹调精神吸引了众多好奇的目光，在许多国家流行开来。

❀ 日本菜的主食之一为面条。

　　日本菜的主食以面条和以米饭为主料的寿司为主，副食多为新鲜鱼虾贝类等海产品和时令新鲜蔬菜，甜酸苦辣咸五味齐备，但绝不刺激，配以日本清酒，整桌都是清淡的口味。加工精细，少油腻，多营养，非常符合日本传统的特色。日本料理最注重的是"色、形、味、器"四者的和谐统一：不但要吃着可口，视觉享受也很重要，只有做到色自然、形多样、味鲜美、器精良，才达到了料理的最高境界。而对于吃的人来说，吃日本料理一半是品尝美食，另一半是体会环境、氛围。

日本菜以海产品居多，所以在挑选食材时必须保持原料的新鲜，切割时也要注重食材的自然美感。

那鲜橘色的三文鱼、红彤彤的金枪鱼，切成厚度均匀的鱼片，层叠摆放在精致的白色瓷碟中，旁边再点上一点鲜绿的芥末，各色搭配，光看着就已经让人赏心悦目，更不用提那鲜美的三文鱼片吃到嘴里后的回味无穷，瞬间就被一种巨大的幸福感包围了。

料理的制作过程中，对食材的选用很注重季节性，将季节感浓郁的食材，以切、煮、烤、蒸、炸这几种基本的调理手法加以烹饪，充分牵引出食材的原味，这便是日本料理烹调的最鲜明特色。虽然糖、醋、酱油、芥末、味增等调味料是必不可少的，然而它们的作用更多的是突出食物本身的鲜香味，而不是过多地依赖调味料来制造味道。原味，才是日本人对料理最终的追求目标。

刺身，即生鱼片，是日本料理中最具代表性的食品，鱼肉未经炉火烹饪，自然清香，肥美鲜嫩，即便是没有生食习惯的外国人也都非常喜爱。米饭加调料加海鲜制作而成的寿司又称四喜饭，是日本主食的代表，不但味道甜酸可口，手工制作寿司的过程也是妙趣横生。此外，香而不腻的油炸食品"天妇罗"、各种各样的日本面条，既好看又好吃，都是日本料理中的特色食品。鳗鱼的松软甜香在嘴里似乎化也化不开，比它更细腻的是料理者的心思，于最细微处见真情，如春风化雨，润物无声。

❀日本料理以海鲜类食品居多，且在切割时也十分注重美感。

❀日本料理的盛放器皿很讲究，要求其别致精美。

而料理的盛放也是一门学问，讲究小碟、少量，而且碗碟一定要精美，摆放一定要别致，形与色之美尤其重要，因此很难有盘碟满满的时候，所以想要饕餮一餐的食客还要放下大快朵颐的心思，细细斟酌，慢慢品味，学会用眼、鼻、耳、触、舌这五感来体会日式料理的精妙之处，充分领会"原味"之精华。

❀ 各色美味的寿司。

④ 传统的日式住宅　日本的符号

走在日本都市街头，感叹其车水马龙的繁华，同时也讶异于它拥挤不堪的住宅布局。不要忘了，在这个面积仅为36万平方千米的小小岛国上，居住着一亿两千多万人口，称得上是世界人口分布高密度的国家之一。以东京为例，这个全国的政治经济文化中心，拥有全日本11%的人口，却仅仅占有0.5%的国土面积，人们不得不生活在拥挤狭窄的空间状态内。

但是只要略略研究一下日本传统的住宅，就会发现，日本人

❀ 日本人发挥自己的聪明才智，将狭窄拥挤的空间，营造成温馨舒适的小小安乐窝。

民并未在有限的国土上怨天尤人，而是充分发挥自己的聪明才智，运用无穷的创造力和想象力，营造出了让人觉得宽敞舒适的房屋，这就是他们的小小安乐窝，以小巧精致为特色，具有奇妙构造，蕴含了无限智慧，又被称为"和室"。

日式住宅以木料建筑和装修为主。因身处地震多发带，木质房屋可以最大限度地减少地震所带来的人员伤害和财产损失。日本住宅做工精细、线条简洁，颇具"原木"风格，让人置身其中便有回归自然的感受，与室内精致的小空间风格合一，亲切随和。

无论房屋面积大小，玄关通常是必不可少的，作为由外及内的一个小小过渡。来人要在这里换鞋，赤脚进入房间。房屋内部的整体构造极为简单，几乎仅仅由地板、柱子和屋顶三部分组成。如果条件允许，屋檐下会延伸出一条走廊，供人纳凉小憩。房间内的门全部为推拉式，减少了门所占的空间面积。简洁的室内构造有效地提高了空气质量和流通性能。房屋内的木地板都要高出地面数十厘米，即能让屋内冬暖夏凉，又避免了潮湿。地板

❋日本人十分钟爱于榻榻米的居住风格。

❋日式住宅以木料建筑和装修为主，且做工精细、线条简洁，给人一种回归自然的感觉。

上还铺有日本特有的、被称为"榻榻米"的厚厚的草垫子。日本人在日常生活中都是赤脚盘腿坐在榻榻米上，围着一张小矮桌用餐，甚至睡觉也不用铺床，而是直接躺在榻榻米之上，无拘无束、身心自在。这也是独具日本特色的"低坐"的生活习惯。

平时为了让空间看上去整洁，屋内表面上几乎空无一物，从不乱摆乱放，日用品都是放进设在房屋一边的壁橱里。房间的墙壁上有很多巧妙的收纳装置，可以放很多日用品，平时还可以折叠隐藏，绝不多占室内空间。有的家里将电视挂在墙上，这样便省去了家具的空间，为了方便甚至还设计了可以滑动位置的电视轨道，极尽聪明智慧。

❀ 日本人爱好干净整洁，屋内从不乱摆乱放，而是采用很多可以折叠隐藏的收纳装置，来盛放生活日用品。

日本的土地寸土寸金，很多家庭只能挤在30几平方米的方寸空间内度日。近来日本有一个大热的电视节目——《全能住宅改造王》，就是由一些经验丰富的设计师为普通民众重新改造在空间上有问题的房间。每次都是大动作，将屋内搬空之后重新划分空间，优化了结构分布、采光照明和空间收纳问题，用简洁的布置风格，营造出实用舒适的居住氛围，每个人都拥有了自己的小小私密空间，既温馨十足，又互不打扰。

日本人喜欢用"猫之额"来调侃自己住宅的狭小，但言语之中却掩不住他们的自豪与喜悦——即便是再小的房子，也可以过上如猫咪一般安逸的生活，拥有"我的日子我做主"的方寸天地，那正是每个人心中最美好的愿望。

⑤ 相扑 日本的符号

作为日本的国技，外国人很少有机会接触相扑这项运动，偶尔在电视上看到了，直觉便是类似摔跤一样的竞技。最令人过目不忘的便是运动员的身材，膀大腰圆，仅有寸布裹身，浑身上下都是颤动的肥肉，如两座雄伟的小山对峙。

现代的日本相扑是将中国的古老民间活动——"角抵"，和日本神道教的宗教仪式糅合在一起而成。在古代的日本，相扑还只是一种简单的游戏，在奈良年代盛行。平安时代，每年7月都设

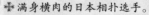
❀ 满身横肉的日本相扑选手。

❀ 相扑是日本最具代表性的专业体育竞技项目。

❀ 在比赛过程中，选手可以用腿来攻击对方，但不能袭击对方要害部位。

有相扑节，到了江户时代才发展成为营利性的职业相扑，江户也成为全国相扑的中心。相扑作为日本最具代表性的专业体育竞技项目一直流行至今，东京、大阪、福冈、名古屋均有职业相扑场所。在国外，相扑以一种颇具观赏性的职业体育项目而为人们熟知。

相扑是在一个50厘米左右高的土台上进行的，赛前要进行严格的身体筛选，身高1.73米以上、体重75公斤以上者才有资格参加。运动员梳着类似古代武士的"银杏叶结"发髻，全身几近赤裸，只带了宽大的腰带和兜裆。到了土台上，要用专门的水漱口润喉，擦拭身上的污秽，象征着清净心灵上的污垢，祭祀天地祈求安全之后，才能开始比赛。

比赛时，能使对方除两脚掌之外的身体任何一部分着地就是胜利，若使对方双脚踏出界外也是胜利，运动员可以互相抓腰带，推搡，用腿使绊，但不许袭击对方的要害部位，不能有击打的动作。比赛没有时间限制，直到分出胜负为止。若经过长时间角斗，运动员已精疲力竭，却胜负难分时，裁判可以宣布比赛暂停，休息后继续比赛，直至迎来最后的胜利者。

相扑绝对是个力气活，所以相扑运动员的体型也十分强壮惊人，最重的体重可以达到250公斤，体型巨大如梨状，为了保持魁梧身形、取得赛场上的胜利，相扑运动员必须有极好的胃口和食量，他们的饭量几乎是普通人的10倍还要多。

古代的相扑是贵族之间的运动，若能有机会在天皇面前表演，更是毕生的荣誉，被人们视做英雄。正是这样的历史赋予了相扑运动在今日高贵的地位和正统的形象，在珍惜国粹的日本，相扑与相扑手可称得上"神圣"二字，备受人们的尊敬和瞩目，在民众心中占据着一个独特的位置。

尽管相扑手都有着"力拔山兮气盖世"的气魄，但相扑并不是一个完全依靠力气决定胜负的运动。那些看似笨重的相扑手，在赛场上的身手却极为灵活，即便是简单的推搡，也蕴含了相当多的技艺在其中，动作的迅猛、反应的灵敏和时机的把握都要掌握得恰到好处才有机会夺取胜利。此外，坚忍不拔的意志力也是制胜的关键之一，相扑手为此都要经过严格艰苦的训练，提高自身的精神境界与修养，以迎接种种艰难的挑战。相扑运动员森严的等级制度使得他们时刻如同在攀爬金字塔，千辛万苦之后才有希望达到最高级别的"横冈"，成为万众瞩目的英雄。这种不进则退的竞争制度

❊看似笨重的相扑手，在赛场上的身手却极为灵活，即便是简单的推搡，也蕴含了相当多的技艺在里面。

激励着每一位相扑选手的前进。由此可见，相扑这项看似简单的运动，其实有着日本民族深刻的精神内涵，难怪这么多年长盛不衰，上升到国粹的地位。

只有拥有一颗宽厚的、坚强的心灵，才有可能成为一名伟大的相扑选手。有人说相扑意味着日本民族血统里那股争强斗胜、刚柔并济的性格。日本人对相扑的喜爱也不仅仅是出于对观赏比赛的兴趣，更多出自对其中蕴含的传统文化的认同。其实所有的人都可以从这项独具魅力的运动中学到一些东西——那运动场上动起来的暴风，静下来的泰山，正是我们对待生活该有的魄力。

6 温泉 日本的符号

❈ 日本是一个多火山国家，火山爆发常常搅的人不得安宁。

❈ 虽然拥有众多火山，但是温泉却给了人们一种静谧与祥和。

日本是一个多火山的岛国，地壳运动频发，虽然火山和地震搅的人不得安宁，但大自然从另一个角度为日本做出了补偿，那就是形成了遍布列岛的温泉。日本人十分乐意享受这份大自然的恩惠，日本成为世界上温泉文化最为根深蒂固的国家。

日本的温泉大致算来足有3500多处，散布在全国各地，由此衍生的温泉旅馆也有7.5万家，果然不负"温泉王国"的美名。日本温泉不但数量、种类众多，用途也丰富多样。根据日本制定的温泉法所定义，温泉水不但需要水温超过25度，水中还必须富含矿物质。这样的水养颜健身功能齐备，让泡温泉成为一种最惬意的享受。

泡温泉又被称为"泡汤"，名字很是形象，整个人就像是浸在大自然巧手造就的一锅热腾腾的营养汤之中。自古以来日本就有泡温泉的风俗，但在古代这只是属于天皇、贵族和高级僧侣的奢侈行为。从江户时代开始，温泉的医疗效用受到了重视，从而得到了大规模的开发，普通民众也有了接触温泉的机会。泡汤的过程越来越讲究，越来越细致，这普通的日常需要被赋予了复杂的过程，自然也就有更多享受过程的乐趣。

精明的日本人看准了温泉带来的商机，建起了形形色色的温泉旅馆和温泉度假村。日本人在节假日经常是举家出动，将温泉变得温馨且热闹。温泉旅馆的设计都极为精巧，虽然从外边看上去面积不大，进去方知别有洞天，古色古香，甚是雅致，兼备了自然风情和农家小院特色，提供的料理也极为丰富。温泉旅馆内既有露天浴场，也有房间独用的浴室，设备周全，可以根据自己的爱好挑选。露天温泉显然别具情趣。受川端康成那篇著名的

《雪国》的影响，雪中泡汤已变成了一种浪漫。在漫天的雪花中体会袅袅升腾的雾气，白雪坠下，白雾升起，冷热于身心交汇，撞击出一份别样的恬静与澄明。以洁净之身在雪中泡汤、饮酒、赏月，那是何等的风雅之事，连心中的污垢也一起被浸泡干净了，人随着雾气升华，飘飘欲仙。

温泉不仅仅能让人身心放松，消除疲劳，它的医效也已有目共睹，对于皮肤伤口、慢性皮肤病、妇科病、胃痛、关节炎等等都有一定的疗效。用日本人的俗话来说："泡三天温泉，三年不得感冒。"日本人果然是以神奇的温泉水为骄傲。

在温泉之国入乡随俗，泡温泉也要注意各种细微的讲究，换拖鞋、穿浴衣、扎腰带等等细枝末节处在日本各地都有严格的讲究。纵然处处有温泉，处处在沐浴，但其中所体现的民情与习俗也各不相同，各成文化。只有守了规矩，才能更充分地享受到温泉之乐。

日本最有名的五大温泉各具特色，各有所长。草津温泉呈强酸性，越冷便越是烟雾弥漫，因水温关系，每个人只有3分钟的入浴时间，号称"时间汤"；佐渡温泉为盐泉，可以增进视力，治疗慢性眼疾；月冈泉的颜色会随着天气变化，时而五彩斑斓，时而碧如翡翠，养颜美容的功效让它有着"美人魔法汤"的美名；伊香保温泉呈茶褐色，富含铁质，可改善女性寒冷体质，俗称"送子汤"；汤泽温泉则是川端康成笔下那锅浪漫的"雪国汤"，弱性的食盐水质让其对关节炎和胃肠炎都有良好疗效。

✤ 温泉水中富含矿物质，用这样的水养颜健身，使其成为一种最惬意的享受。

✤ 泡温泉也要注意各种细微的讲究，换拖鞋、穿浴衣、扎腰带等等细枝末节处在日本各地都有严格的讲究。

来一场温泉的旅行，已是去日本必不可少的游览方式。泡在雾气昭昭的泉水中，似乎是浸润于日本悠久古老的文化。这些有着千年历史的温泉，随着岁月的沉淀，越发的迸射出其耀眼的光彩。

⑦ 武士精神 日本的符号

❀ 日本武士的装备。

"武士"是日本历史上的一个特殊阶层，形成于公元7世纪"大化改新"之后的时期。11世纪末，社会动荡，封建领主各自笼络了一批家臣，结成了紧密的主从关系，正式形成了武士阶层的基础。久而久之，武士阶层的思维、道德和行为规范渐渐的自成一派，对日本民众的精神有了不小的影响，这便是"武士道"的雏形。

多年的战乱生活让武士道从一开始就形成了典型的杀人与战争之道，它驱使武士要绝对效忠并服从君主，时刻为君主服务，为君主去杀伐征战、消灭敌人、收获土地。12世纪末，镰仓幕府成立后，进一步以仪式和法律正式确立了幕府和武士的主从关系，强调了武士的政治地位，儒学、佛教和神道教思想都被引入，成为影响武士思想的行为法典，"武士道"开始强调献身精神和礼仪，为君主献出生命的倾向被美化了。在这种极端的环境下，切腹自杀成为效忠主人的"最光荣的解脱法"。这种偏执的思想在武士看来是舍身成仁、表达忠心的义举，对切腹的崇尚到了近乎疯狂的境地。其实切腹的动机归根到底还是被利益驱使，以自己的名誉和生命，换取子孙后代在武道社会的地位和权益。

到了江户时代，杀伐渐息，武士也从战斗者的角色中脱离出来，不再进行战争和杀戮。武士道的基本精神转化为忠诚、勇敢、名誉、服从、仁义、俭朴、礼仪、勤学……其中"忠诚"是武士道精神的核心和灵魂。这当然是君主进一步强化政治上的主从关系，培养为自己建功立业技能和品格的需要。这种忠诚表现为对主人的盲目服从，形成了日益浓烈、盲目狭隘的复仇主义。日本历代各种文学体裁竞相表现的"忠臣藏"主题，就描述了武士为君主杀人复仇，然后再自杀殉主的愚忠的故事。这种盲目的忠诚与武士淡漠的死亡观息息相关。

❀ 日本武士使用的军刀，这也是武士效忠君主的象征。

贯穿武士道精神始终，左右着武士行为的，正是一种毫不留恋、毫不犹豫的死亡观念。这可怕的思想让他们随时可以为效忠的主人献出自己的生命，当然也能绝不手软的夺取他人的性命。

明治维新之后，武士阶层虽逐渐消亡，武士道精神却并未随着退出历史舞台，反而变本加厉，逐渐演变成为天皇和军国主义的武士道，其残酷无情的本质丝毫没有改变，成为日本进行对外侵略扩张的精神工具，指挥着日本士兵用鲜血和生命去填平统治阶级的"胜利之路"，书写了世界历史上一段残酷的战争记忆。

进入现代社会之后，武士道精神依旧潜移默化的发挥着自己的影响。摒弃掉封建糟粕之后，它的核心价值——"忠诚"得以保留，并结合新时代的需要进行了改造与创新，使之能成为适应现代化社会的核心价值。至今仍有众多的日本人推崇武士道精神，在生活和工作中也努力培养着敢于承担的勇气，当然再也不会选择极端的方式。或许这也正是日本国民团结、经济飞速发展的原因之一。

✿ 日本武士的画像。

8 花道 典雅文化

花道是日本独特的传统艺术之一。适当截取树木花草的枝、叶、花朵，艺术性地插入花器中的方法和技术，就是花道，又称"华道"或者"生花"，仅仅名字就勾勒出一幅人与自然巧妙契合、妙手生花的画面。

日本是一个在细节处讲究到极致的国家。地处温带，气候宜人，每月总会有几种代表性的花卉绽放，钟灵毓秀，渐渐地便孕育出了观者那一颗温润的心。心灵手自巧，一枝一叶，一草一花，到了他们手中就被把玩出了恬淡优雅的意味，将鲜花的素材结构与天地人的形态相结合，创造出曼妙的花形。琢磨得多了，便不再是简单的装饰、单纯的自然态的展现，而是朦胧的表达出一份心境、一种人生观，此时的插花就成了技艺，升华为"道"。

花道的由来不仅仅是出于观赏的需要，还与宗教的发展息息相关。日本花道起源于中国唐朝的佛堂供花，随着佛教流入日本。平安时代就已有在室内摆放樱花的记载，那时候插花人并不讲求花形的华丽，风格自然简朴，一只淡雅的白梅、一束灿烂的

❀ 曼妙生姿的花道。

❀ 所谓花道就是截取树木花草的枝、叶、花朵，艺术性地插入花器中的方法和技术。它是人与自然的巧妙契合。

向日葵，都能营造出简单的古朴之风。花枝都要向着天空摆放，以示信与诚。14世纪有了关于花会的记载，公卿贵族和僧侣分两派将插花作品摆出，根据花形及花器来评定优劣，这便是今日日本花道展览会的前身。

随着时代推移，插花技巧与思想境界都在不断进步。插花的样式日益繁多，直到今天仍保持着旺盛生命力的包括立花、生花、盛花、自由花。有的追求雄伟端庄，有的追求返璞归真，有的则侧重于大胆创新，各有千秋，各具特色，鲜花比原始的形态多了生动的灵气，在自然美的基础上又超越了自然，是人为自然描上的点睛之笔。

❀花道的出现与宗教的发展息息相关。花枝向着天空摆放，显示着人们的信与诚。

在江户时代，花道从池坊流的一枝独秀，渐渐发展成为诸多流派百家争鸣，至今已有3000多种流派，虽然各流派的特色和规模都不尽相同，但花道的精神却是统一的，那就是天、地、人三位一体的和谐统一。插花技艺的基本造型、色彩、意境和神韵都是在为这种精神服务，它贯穿了花道的仁义、礼仪和言行。之所以成为"道"，就是因为花道的最终意义并非在于植物本身，而是通过对植物人为的塑造来表达情感，用个性的线条、形态、颜色的搭配来追求"端、雅、美"的意境。好的插花就像一件精致的艺术品，既供人观赏，又陶冶情操，悦目赏心两相宜。

❀在现代，花道几乎成为日本妇女的必修课。

如今的日本，花道几乎成为妇女的必修课，每年都有几百万女性报名各种学校和培训班去学习花道艺术，用来美化居室，修身养性，追求人与自然的合二为一。随着科学园艺技术的发达，以及人们审美情趣的蜕变，花道正在维系传统与适应时代的道路上一天天进步。

拈花在手，会心微笑，我也想，做那个月影下散发着花香的优雅女子，月光如水，人淡如菊。

茶道 典雅文化

当年的遣唐使把茶叶带回了日本，让如饥似渴学习吸收中华文化的日本欣喜不已。出人意料的是，从饮茶、种茶到品茶，日本人竟然发展起来一套独具特色的茶道，不输于中国式茶道的精致复杂。

茶道，即是饮茶文化中的一种特有礼仪和休养方式。中国唐朝时代的日本，还仅仅停留在品茶的阶段，茶叶作为高级的舶来品，只局限在王公贵族、高级僧侣范围内享有。经过不断的补充和发展，到了中国明代，终于确立起了属于自己的正式的茶道文化。饮茶不再仅仅是贵族间的趣味娱乐，而是表现了日本人日常生活文化的规范和理想，成为一门综合性的文化艺术活动。注重修养礼节的日本人乐于在茶道中修身养性，更积极地将茶道升华为一种高雅的社交手段，通过茶会和茶礼来接待宾客，增进友谊，陶冶性情。

以佛教交流为时机扎根日本的茶文化，注定与佛教结下了不解之缘，带着浓厚的禅宗意味。千利休是日本茶道文化的集大成

✢茶道是饮茶文化中的一种特有礼仪和休养方式。

者，正是他继承历代茶道精华，突出了禅的内涵，最终创建了正宗日本茶道。他用四个字概括了日本茶道的基本精神——"和、敬、清、寂"，字面看似简单，却意义丰富。

"和、敬"代表了为人处世的态度。品茶双方要在杯盏之间做到和睦相处、互相尊敬。"清、寂"则强调了品茶时必需的环境气氛。清幽淡雅的环境、端庄古朴的陈设，渲染出一派空灵静谧的意境，饮茶之时得以熏陶，不但茶友之间彼此坦诚相对、

❀日本茶道用具

❀日本茶道十分讲究，茶具必须干净、整洁。

真诚沟通，自己也要在思索中做到自我反省，于恬淡闲寂之中净化思想，既涤荡了内心的尘垢，也消除彼此的芥蒂，从而达到"和、敬"的目的。

由此可见，在日本，茶道与修禅颇有几分类似，禅茶一体，融会贯通，茶道犹如一场静心清神的佛事，茶中寓了禅理，禅理要通过品茶来深刻体会。

正因为有严格的规矩，日本茶道的形式也极为复杂，细致到近乎繁琐。一座合乎规矩的品茶地点是万不可少的，必须符合"清、寂"之规。主客杯盏的放置各就各位，绝不能出差错。茶叶要碾的精细，茶具必须干净，席间的插花也要符合来宾的地位身份，主持仪式的茶师语言动作要得当合体，点茶、煮茶、冲茶、献茶，整个过程一丝不苟。客人双手接过，道谢之后细品，奉还茶具，再对茶具品评鉴赏一番。这一套程序既体现了对茶道的重视，更突出了主客双方的互相尊重，充分表达了"和"与"敬"的含义。这一套表演程式极富观赏性，用实际行动深刻诠

❀日本茶道有着严格的品茶规矩，既体现了品茶者对茶道的重视，更突出了主客双方的互相尊重，充分表达了"和"与"敬"的含义。

释了"茶道四规",不足之处是时间过长,细节之处过于拘泥,缺乏一个宽松的氛围去自由发挥。正因日本茶道流程繁杂,才造成在表达形式上的分支众多,流派各家争鸣。

今日的日本,茶道依旧是日本人最喜爱的文化形式之一,多少人用心钻研,孜孜不倦。以茶自省,以茶相交,香茗在手,却别有一番禅意在心头。

10 书道 典雅文化

❋书道不仅在中国被广为推崇,在日本也十分盛行。

日本是一个精于艺道的国家,各种传统文化已经不仅仅停留在艺术领域,而是多了表演、修身的性质,渐渐演变为技艺之道。

古时王羲之的字曾流传到日本,令岛国惊为天人,竞相临摹,书法艺术盛极一时。随着平安时代假名文字的确立,书法已成为王公贵族必备的修身课,它的内涵也从单纯的写实临摹延伸开去,发展成为追求意境、情操和艺术美的"书道"。

作为一种文化教养,"书道"早已走出了深宫大院的藩篱,在普通民众之间得到了传播普及,发展成为诸多的流派,出现了被后世尊为圣人的书道大家,一时间百花齐放,百家争鸣。也许不是所有的书法都称得上高明,但却为原本沉闷的书道格局注入了一股新鲜的活力,让这门传统的艺术变得越发蓬勃旺盛起来。书道开始从保守流派传承,逐步向注重自由表现、张扬个性的方向发展。

提笔在手,落字于纸,笔下虽是方寸,胸中自有云天。执笔者的思想、感情、胸怀,全通过这绵软狼毫、淡淡墨香挥洒在纸上,得到了具体的反映。顶级书道要求的并不仅仅是高超的书法技艺,更要看重书道者的艺术修养,能通过点与线组成的文字,表现出高深的意境,达到自由地运用笔墨来表现自我的超然

境地。

经历了奈良时代的起源、平安时代的繁盛，在如今这个物质社会里，书道依旧静静地散发着清新的墨香，用它独特的魅力，平抚着每一个浮躁的心灵。

提笔在手，落字于纸。执笔者的思想、感情、胸怀，全被这绵软狼毫、淡淡墨香展现得淋漓尽致。

11 能剧 典雅文化

能剧表演者。

小心翼翼地从精致的木盒中取出面具，捏着面具的两侧，将它对准自己的脸，告诉它："我要演你了！"

千百年来，日本能剧的表演艺人一直遵循着这个传统，表达着对面具无上的尊敬。他们深信，每个面具都蕴藏着独一无二的角色的灵魂，绝不容许轻易侵犯。

能剧的起源可以追溯到8世纪，它是日本最主要的传统戏剧，也是世界上现存最古老的专业戏剧之一。它以日本传统文学作品为脚本，集舞蹈、戏剧、音乐、诗歌于同一个舞台，由多样的面

off

off

off

off

Travel around Japan 149

✤千百年来，日本能剧的表演艺人对面具无上尊敬。他们深信，每个面具都蕴藏着独一无二的角色的灵魂，绝不容轻易侵犯。

具、宽大的服装、夸张的动作等形式表现出来。能剧所描绘的并不是我们熟悉的身边的市井生活，而是一个虚幻的超现实世界，主角往往是超自然的盖世英雄，所有剧情都由他来推动发展。繁复精美的舞台和道具营造出一派庄严伟岸的氛围，玄幻灵异的另类美感，给观众带来了极大的冲击与震撼。

面具是能剧表演中最重要的道具，俨然成为这门古老艺术的标志性圣物，只能由自己郑重地佩戴，外人甚至都不能随便窥探。通过面具来区分灵与鬼、来表达喜怒哀乐。对于很多能剧艺术的门外汉来说，往往是通过各样的面具来直观地了解能剧。

缓缓地戴起面具，随着渐渐响起的节拍上场，鼓点忽高忽低、忽疾忽徐、忽喜忽悲，笛声骤起，璀璨的灯光照亮了舞台的每个角落，每张脸都隐藏在面具背后看不分明，而人生的悲欢离合却已随着衣袖的挥洒被渲染得淋漓尽致。这正是能剧最神奇的艺术效果。

✤能剧表演者必须佩戴面具。

12 歌舞伎 典雅文化

"玉箫声里锦屏舒，铁板停敲上舞初。多少痴情儿女泪，一齐弹与看芝居。"当年晚清诗人黄遵宪在日本看到歌舞伎的表演，竟有了异乡遇故知的心境，便在《日本杂事诗》中留下了抒情诗句。

在日本，歌舞伎是最受欢迎的古典戏剧艺术形式，其地位堪比京剧在中国的地位，二者并称为"东方艺术传统的姊妹花"。歌舞伎起源于17世纪的江户初期，在1600年演变成为一个成熟的剧种，是日本典型的民族表演艺术。明治时代，被西洋文化影响的知识分子看到西方国家对艺术的重视程度，将自己独有的歌舞伎视为国家文化的象征，歌舞伎的地位上升，从此被视为现代人所谓的艺术。历经400年的发展，古典化的歌舞伎已经成为日本传统国粹文化的代表，2005年被联合国教科文组织列为非物质文化遗产。

虽然歌舞伎的演员依照传统规定只能为男性，但是歌舞伎这门艺术的始祖却是日本古代一位妇孺皆知的美女——出云阿国。阿国本是岛根县出云大社的巫女，为了筹款修缮神社，在京都街头搭台演出，一改传统宗教舞蹈形式，女扮男装，潇洒俊美，还在表演中即兴加入了许多诙谐的情节，立时引发轰动。阿国独创的《念佛舞》经过不断充实和完善，从民间传入宫廷，最终成为独具风格的表演艺术。

歌舞伎的表演者称为"女形"，即由年轻秀气的男子扮演女

❀ 歌舞伎在日本有着悠久的历史，其地位可以堪比京剧在中国的地位。二者并称为"东方艺术传统的姊妹花"。

❖歌舞伎的表演是由男子扮成女子形象,被称为"女形",类似于京剧艺术中的"花旦"角色。

性角色,类似京剧艺术中"花旦"的角色。虽是男子,在舞台上却是烟视媚行、顾盼生辉,营造出一种虚幻的艳丽氛围,而观众往往也沉迷于"女形"所创造出的女性魅力之中,如痴如醉,很恰当地迎合了早期歌舞伎强调美形、侧重以美媚之态吸引观众的特点。但因社会背景及歌舞伎艺术的发展,逐渐以成年男性代替青少年来出演,这时的歌舞伎脱离了只重外表的浮华之风,转而追求演技,"女形"也更多地摒弃了舞台的妖艳,追求自然健康之美。歌舞伎中的"伎"字本就是表演技巧的意思,这种改革让"伎"得以发扬光大,歌舞伎本身的艺术价值也得以提升,长盛不衰。

　　歌舞伎的演出内容可以分为两类,一类是以历史上贵族和武士的故事为主的"荒事",另一类是平民男女爱情生活故事的"和事",通过舞台上的故事对观众进行行善惩恶的道德教育。歌舞伎的舞台布景十分讲究,结合了古老的日本花道艺术,作为演员登台的必经之路,拉近了演员与观众的距离,又采用了现代高科技的旋转舞台和升降平台,变化多端,辅以演员们雍容华贵的装扮,绚烂多彩的舞蹈演出,可谓规模宏大、富丽堂皇,给人以超脱现实的视觉享受和心灵美感。

　　当舞台上华彩的灯光亮起,一个个如梦如幻的"美女"自花道长廊款款而来,又一出人间离合的大戏即将上演。谁的笑,谁的泪,都如同梦里的悲欢。

❖日本繁华热闹的歌舞伎一条街。

13 浮世绘 典雅文化

所谓浮世，即指现实社会众生相。浮世绘，绘尽浮华尘世。人生百态都跃然纸上。

江户时代，日本民间悄悄绽放出了一朵艺术奇葩，色调特异，风格新颖，这就是带有浓郁日本民族特色的风俗版画——浮世绘。浮世绘描述的是百姓的日常生活和四季风景等内容，如今它更多地象征着一种艺术风格，名字带着点古典的艺术氛围。它的传播绝不仅仅只是在日本国内，对于古代欧洲古典主义和印象主义等流派的绘画风格，浮世绘都具有深远的影响，极高的艺术价值让它在世界艺术长廊中树立了不朽的地位。

浮世绘盛行的初期，作品多为画家们用笔墨所作的绘画，又称"肉笔浮世绘"。这门艺术风靡于大阪和京都，为屏风和建筑物做壁画装饰。绘作所包含的内容极广，有民间传说、历史轶闻、戏曲场景、江河山川……题材涉猎之广，犹如一部绘版的百科全书，体现了最真实质朴的平民阶级的思想感情。浮世绘尤为擅长的便是描画女性之美，写实技巧极为高明，细腻的笔风形象地表达出了女性柔美的姿态，为世人所喜爱，代代相传，为后来的浮世绘风格开了先河。江户时代町人文化的迅速发展，直接导致了浮世绘作品的改革。匠人数量激增，市场需求扩大，"肉笔

❀ 浮世绘是一种带有浓郁日本民族特色的风俗版画，它描述的多是百姓的日常生活和四季风景等内容。

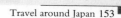

❀浮世绘冲破了东西方艺术的藩篱，对西方现代美术起到了不小的推进作用。

❀日本忍者形象

浮世绘"进入了"版画浮世绘"的阶段，从木刻印制发展到"锦绘"和油画阶段，从单色墨褶本发展到色彩斑斓的套色版画，表达更为生动，写实程度也更为逼真，越来越多地追求新技法和新形式，在绘制和印刷技术上都迎来了一个高潮。

浮世绘的形式可以分为两类——"绘本"和"一枚绘"。所谓"绘本"，就是为配合小说情节所绘的插图，通俗易懂，随着市民小说流行开来；"一枚绘"则是单幅的创作，不与任何背景相关联，只是单独的欣赏这一幅画，画工更为精细，绘制手法也变化多端。

因为顺应了町人文化高涨的世风，有着雄厚的民间基础，真实反映并影响了现实的社会生活，浮世绘在日本有着旺盛的生命力，它不仅是江户时代日本最具特色的绘画，还冲破了东西方艺术的藩篱，对西方现代美术起到了不小的推进作用，高超的版刻艺术曾经被西方美术家视为"不可思议"的技艺。"浮世绘"的内涵早已延伸开去，在某种程度上成为东方绘画艺术的代名词，得到了整个世界的肯定。诸多印象派大师都从其中寻求灵感，把握自然的艺术理念，借鉴其主题、技法和构思。而其中受影响最深的，就是大名鼎鼎的梵高。

浮生若梦，尘世苍凉。经历了几个世纪的艺海浮沉，浮世绘渐渐蒙上了历史的尘埃，失去了昔日的颜色，但是它在世界美术史上创造的辉煌却永远不会消退。

14 忍者　日本式传奇

银白色的月光洒落在铺满樱花瓣的小巷上，四下寂静无声，一种莫名的神秘凝结于微微流动的空气中，看似静美的一幕却隐藏着无限杀机，仿佛突然就会有一柄闪着寒光的刀锋划破夜幕。

周杰伦用他的嘻哈风格给我们描绘了一幅诡秘的忍者画面。现代人对于忍者的认识大多来源于影视和歌曲，在文艺作品夸张的影响下，所有人都觉得忍者应该是全身黑色，身形灵巧，飞檐走壁如履平地，使用各种奇怪的武器和暗器，倏忽间便上天入地，不知所踪，让敌人无处寻觅。

与"寿司"、"樱花"、"和服"、"艺伎"一样，忍者早已成为国际通用的日本标签之一。忍者的意思是"秘密行动的人"，其实最早起源于中国，在唐朝的时候流入日本。忍者的职责是为主人进行秘密策划、破坏、暗杀、收集等类似谍报人员的工作。忍刀、手里剑、吹矢是他们必备的工具。身为忍者，不但要经过一系列残酷的训练，还要有足够的心理准备，严格遵守种种不近人情的行业规定。忍者的基本戒律就是在世时必须隐姓埋名，任何情况下都要守口如瓶，决不能泄露身份。大部分时间都要与黑暗为伍，煦暖的艳阳照不清忍者无边的寂寞，乱世的夜色中才依稀可见他们鬼魅般的身影。对外人而言，忍者更像一个传奇，充满了未知与神秘。

❖ 忍者常常要遵守严格的行业规定，面对对手要冷酷无情。

忍者那些看似高深莫测的手段，统称为忍术。忍术是日本人在兵法理论的基础上，辅以修炼之道以及在山中的伏击技巧综合发展而来。忍术包括格斗、伪装、爆破、逃生、盗取等各种战斗和生存技能，甚至还包括天文、地理、气象、药草等基本知识。修习忍术的目的不仅仅是为了掌握暴力与毁灭的手段，更重要的是培养忍者的个人行动同周围环境的协调性，锻炼他们顽强的意志和坚韧的神经。

日本的战国时代，群雄并起，天下纷争，伊贺与甲贺两大忍术门派蓬勃兴盛，为忍者创造了一个大好的施展身手的舞台。忍者的身姿穿梭在一个个不平静的夜里，他们的生命，甚至整个灵魂早已不仅仅属于自己，而是全都交托给了主人。生命的全部意义仅仅绽放在完成任务的那一瞬间，忍者色彩单调的世界在这一刻比满天的烟花还要绚烂。

❖ 日本忍者标志。

忍术尤其强调精神的修炼，将整个训练体系都建立在超乎一般人想象的、严苛的精神修炼的基础上，所以忍者的精神力量比常人更为强大。每个忍者都对自己的团队绝对忠诚，对任务无比执着，即使在最困难的处境下也会坚持到底，绝不轻言放弃。忍者的精神即使是对现代日本人的思维方式也有着十分深刻的影响，这也正是忍者文化深入人心、成为日本象征的原因之一。

尽管忍者的演出早已在历史舞台上落幕，但忍者的神话依旧延续在每个崇尚传奇的人心中，如一出怀旧的影片，虽然古老却激情四溢。

⑮ 神道教与佛教
日本式传奇

❀日本神道教的传道工具。

日本人是个极其注重信仰与神明崇拜的国家。神道教和佛教目前是日本两个最大的宗教，各自的信徒都在1亿人左右。

作为日本曾经的国教，神道教是土生土长的日本传统宗教，并没有一个正式的名称。5世纪~8世纪，为了与外国传入的"佛法"分庭抗礼，教徒创造了"神道"一词，来区分日本固有的神道与外国传入的佛法。神道教起初以自然崇拜、祖先崇拜、天皇崇拜为主，属于泛灵多神信仰，把大自然创造的各种生物都视为神明，并赋予日本历代天皇神性。这时的神道教还只是单纯的崇拜，缺乏一个系统的思想核心，后来慢慢地引入了中国儒家的伦理道德思想和道教教义神明，建立起了一套较为完善的体系。

神道教特别崇拜作为太阳神的皇祖神——天照大神，认为日本民族都是天照大神的子孙，天皇是天照大神在人间的代表，皇统就是神统，皇权即为神权。这种"造神运动"自然受到统治者的看重。明治维新后，日本政府为了巩固皇权，将神道教奉为国教。神道教的地位骤然崇高起来，影响了几乎所有的日本平民，成为政府教导百姓忠贞爱国，誓死效忠天皇的工具。直到二战中日本战败后，裕仁天皇公开否认了自己的神明地位，让天皇失却了光环，重回凡人行列。国家神道被废除，神道教重又成为民间宗教。即便如此，神道教的影响却未随着时间磨灭，它还是日本人民最根深蒂固的信仰，80%以上的人口都是它忠实的信徒。

在日本唯一能与神道教分庭抗礼的便是佛教。佛教是外来宗

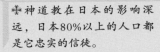

❀神道教在日本的影响深远，日本80%以上的人口都是它忠实的信徒。

教，约1400年前传入日本。飞鸟时代的圣德太子是佛教坚定的支持者和推广者，自他下诏传播佛教后，王公贵族竞相建造佛寺，从此佛教在日本广泛流传开来。在大化改新之后又进入了一个新的时期。

平安时代，佛教出现了一种新的倾向：将佛教的与本国固有的神明崇拜相融合，即所谓"神佛习合"的思想。在佛寺境内可以建神社，反之亦然，神号与佛号一致，佛教与神道教有了一次短暂的统一趋势，并持续了一段时间，但明治维新时期的"神佛分离"思想遏制了这种趋势的继续发展，从此神道教与佛教继续各成一家。在日本，这两种信仰并不矛盾，有很多人不止有一种宗教信仰，同时信奉神道教和佛教，这种宗教习俗在其他国家来看有些不可思议，但却是日本宗教特征的真实写照。

在整个日本，随处可见美丽的神道教神社或佛教庙宇，它们已经成为日本建筑的一个重要组成部分。有的深居闹市，有的远遁深山，却是同样的香火鼎盛。无论向哪路神明寻求祝福和庇护，参拜神佛的人都是怀了一颗渴望光明与希望的美好之心。

✳ 远遁深山的佛教庙宇已经成为日本建筑的一个重要组成部分。

神社 日本式传奇

16

每逢重大的节假日或者纪念日，日本人都会穿上正式的和服，去神社参拜许愿。在神道教普及的日本，神社与日本人民的生活也密切相关。

神社是信奉与祭祀神道教中各位神明的社屋，是日本宗教建筑中最古老的类型。自7世纪起实行"造替"制度，每隔几十年就会重建一次。据说现在的日本神道教信仰者有1亿多人，全国的神社总共有8.2万多个。

日本人的生活几乎无时无刻不在祈求神的庇护，对神明崇拜的近乎依赖。婴儿刚出生，家长就将襁褓中的孩子盛装打扮一番，带到神社祈求孩子的顺利成长；长大了过男孩节和女儿节，又得穿上传统服装，跟着父母去神社叩拜；每年元旦要去神社求得新一年的福气。其他的如考试、恋爱、婚姻……无一不去拜神祈愿。对他们而言，神社已经成为日常生活里的一道风景，伴随一生。

神社前通常都会挂着灯笼，照亮拜谒神明的路程。最常见的

✤ 神社是日本人一生中最常去的地方之一，从刚出生的婴儿到年迈的老者，每年都会到神社拜神祈愿。

是石灯笼，现存时代最悠久的是春日大社的柚木型灯笼。穿过神社的楼门，便到了"鸟居"之前。鸟居称得上是日本神社的标志物，一般为木制，形状类似中国的牌坊，可它并不是一个简单的通道，在日本的宗教中，鸟居就像一道结界，将神域与凡人所居住的世俗界分隔开。当你跨过鸟居的界线，实际上就已经进入到了神域。这个非凡的意义让鸟居一下子神圣起来，所有经过鸟居的人都怀着一种无比虔诚的心情。

跨过鸟居后，有专用的"手水社"，是清净手口的场所。每一个进入神社的人，要用此石钵中的水净手漱口，方能进入拜殿。拜殿的屋脊两边翘起，形似飞檐，檐下挂有铃铛，参拜前要记得先摇摇铃，唤起神明的注意，以免他听不到你的心声。摇铃之后，神明就位，把手拍几下，开始进行参拜仪式。合掌、颔首、叩拜，在内心默默对神明诉说最深切的愿望，有的希望长命百岁，有的盼着前程似锦，有的只求爱情幸福。正式参拜结束后，还可以在神社内求得一道"御札"，也就是神的符咒，带回家里当做辟邪之物。除了护身符之外，还有一些小挂饰，可以随身佩戴在身上，既能装饰，又保了平安。但是当心愿实现，或者时间过了一年之后，带回家里的"御札"必须要回到神社里烧掉，以表"结缘"。

有的神社坐落在繁茂森林间，有的高踞于清幽曲径之上，有的悄然夹杂在都市的车水马龙之间。但它们存在的意义大同小异，都是神道教者精神的抚慰地。最著名的城市神社是东京中心地带的明治神宫和京都的平安神宫，但在信徒心中最为神圣的还要数伊势的伊势神宫，它深藏于原始森林中，如同日本神社建筑的活化石。自公元690年起，每20年都必须重建一次，以确保它的纯洁性。

神明的居所永远保持着崭新的模样，而古老的传统却似窖藏多年的美酒，从来不曾失去它芬芳的香气。

❀ 人们在神社参拜结束后，可以求得一道"御札"，即神的符咒，带回家里做辟邪之物。还能得到一些小挂饰，以保平安。

❀ 日本神社的一角，清幽而静雅。

17 阴阳师 日本式传奇

❀ 无论在日本还是中国，阴阳师尤为风靡。

近年来，日本有关阴阳师的动漫和影视作品层出不穷，《通灵王》和《少年阴阳师》在中国尤为风靡，人们从漫画里和荧屏上了解了阴阳师这个颇具玄幻色彩的职业。

在漫画里，阴阳师是为了平衡天、地、人、鬼间的矛盾而存在的，自古以来他们就以降妖除魔为生。这种说法未免有点神乎其神，民众受其影响却很深。其实现代实际生活中的阴阳师也并非如此神秘，脱离了神鬼的玄幻色彩，倒是更加具有现实意义。他们更接近占卜师，或是幻术师；他们懂得天象星宿、风水方位、测字相面，他们甚至对命运和灵魂都有着很深层次的研究，号称具有对它们的支配能力。

6世纪，中国的阴阳五行学说融合了道教咒术与密教占卜术以及部分自然哲学思想，传入日本，再结合日本当地的宗教文化，于是便形成了独特的"阴阳道"。说它是法术，其实也包含了很大程度的自然科学，奉行"阴阳道"的术师即是"阴阳师"。史实中的阴阳师并不是自由来往于神妖两届、念咒施法、驱鬼捉妖的半仙，而是以"天文"、"历法"等为正职，并进行"占卜"、"祭祀"、"追傩"等事，扮演的是科学家和方术师相结合的身份。上至国运皇命，下至庶民之事，都可运用阴阳道学来解释。阴阳师成为当时的热门职业，在平安时代进入全面兴盛时期，对日本社会造成了极大影响。他们借助包罗万象的卦卜和神秘莫测的咒语，成为从贵族到庶民的有力庇护者。

阴阳师的职位并不仅仅是卜卦念咒那般轻松，在平安时代险恶的政治环境中生存，他们必须有着能看懂人心事的机灵和默不做声的隐忍，还要熟悉诗歌乐器、花道茶道等诸多风雅之事，所以想做阴阳师，除了过人的天分之外，还必须有足够的胆识和意志。

一部《阴阳师》让安倍晴明的大名人尽皆知。这是日本历史上真实存在的人物，在阴阳师界堪称泰山北斗式的代表性人物。对日本人来说，只要一提起阴阳道，在脑海里第一个出现的便是

他的名字。他是活跃在平安时代中期的大阴阳师，亦是历代阴阳师中最优秀、最杰出的一个。然而在正史中他却是谜一样的存在着，众多的解读亦真亦幻。虽然他的年龄、出身、婚姻等状况都让后人搞不分明，但经他制定的完善的天文历法却已流传后世，从中显示出了他非凡的数学和天文才华。他虽著作很多，现存的却只有《占事略决》一本，通过五行元素之间的关系，分析了它们所表示的占卜理论，并记载了许多与日常生活密切相关的占卜方法，是阴阳道占卜学的重要文献，直到今日仍在为阴阳道学界所研究。

尽管以现在的科学眼光来看，阴阳师的占星预言之术并无确切依据，过于玄幻，不以为信。但越是虚无的东西，越是因为未知而存在一种缥缈的魅力感，吸引人去探个究竟。其实，正如《阴阳师》的作者梦枕貘所言，阴阳师所驱之魔也并非完全子虚乌有，因为人性之黑暗而形成的心魔，也许正悄悄潜伏于每个人的心中作祟。

❊ 阴阳师的职业并不是任何人都能担当的，除了有过人的天分外，还要有坚强的意志和胆识。

❊ 阴阳师这一职业的存在并不是偶然，而是人性之黑暗使然。

18 空手道 日本式传奇

空手道是日本的一种武术形式，起源于500年前的古代琉球。当时中原与琉球往来甚密，中国拳法传入当地，并结合当地古老

✿空手道是日本的一种武术形式。比赛时，双方不能使用任何器械，完全凭手足相搏。

的格斗术，发展成了空手道的前身——唐手。1905年，唐手公开成为日本普及的武道，1935年正式更名为空手道。

空手道刚刚问世的时候，完全是一种冰冷、凶狠的战斗手段。那时琉球屡遭海盗来犯，当地习武的民众便用这种糅合了两种技艺的新武术来御敌，用在敌我之间，杀敌保命，自然下手时毫不留情。待战事平息后，它的作用才慢慢演变为强身健体，分成了各种流派，传统的四大流派包括松涛馆流、和道流、刚柔流和系东流。到了现代，空手道已经与其他体育运动一样，成为一项集观赏和竞技于一身的体育项目。1970年，当前正统的国际组织——"世界空手道联盟"正式成立，并举办了第一届世界空手道锦标赛，正式比赛中套路的比赛标准仅以四大流派的指定型为标准。

空手，即"手无寸铁"之意。这种格斗技术不依赖器械，只凭手脚搏击，手足并用发起袭击并战胜对方。空手道的基本进攻方式包括击、打、踢。根据出手角度、线路、发力部位的不同，又可分为多项细小的招数。把这些复杂的动作交织在一起，就构成了空手道一套独特的技巧，进可以攻，退可以守。

很多人都向往着穿上白色的练功服在场上闪转劈杀的样子，颇有大侠的潇洒与豪气。对于学习空手道的人来说，这项看似颇有难度的技艺其实并不复杂。所有的基本技术在入门后几个月就

能大致掌握，但是大部分的人花上一辈子的时间也无法触到其精髓所在，虽得其形，却无法得其神。看来也不是所有人都具备当大侠的潜质。

　　侠之大者，并不以武道为炫耀的资本、伤人的手段。今日的空手道已经更注重追求一颗仁慈宽厚的心。它之所以成为日本人所习之"道"的一种，就是因为在强身健体、竞赛竞技的基础上，还不忘探究一种动态的禅道，通过艰辛的研习和锻炼，不仅仅掌握护身之技，更要培养强健的身体和健全的思想，磨炼精神与体魄，进而达到超越胜败的境地，这才是空手道最终追求的精神所在。

✱空手道者徒手劈断三块木板，显示了他过硬的武术功底。

　　值得一提的是，以四大流派为代表的传统空手道，在比赛中有一个必须要遵循的原则——点到为止。即不能直接袭击到对手的身体，必须在击中对方的瞬间收招，击中即被判失败。在空手道这种搏斗激烈、动作迅猛的比赛中，能秉持这种理念并努力地遵守，实在难能可贵。而裁判判定比赛的标准也并不完全是技术高低，精神面貌和态度好坏都是评定胜负的重要因素之一。可见空手道正在努力脱离纯粹的武力化，而在向人性化和高雅化的道路迈进。

　　现代社会的日本，还有很多青年在业余时间用心研习空手道的技艺。格斗技术已经退到次要，心法和修为成为更高境界的追求。这自古以来的拳脚拼杀，终于也可以动中取静，幻化为禅。

✱竞技场上，空手道选手可以用脚踢打对方，但点到为止，必须在击中的瞬间收招，否则即被判失败。这反映了空手道高尚的人性化精神。

动漫王国
最前卫的日本

19

1980年以后出生的孩子，谁不是在动画片的陪伴下长大？年少时我们都有一个幸福的梦幻，在梦里圣斗士的小宇宙爆发了，美少女也变成战士代表月亮去打架，小丸子和小新手拉着手成为好朋友，机器猫的万能口袋里宝贝随便拿……还记得每天眼巴巴地守在电视机前等那半个小时的动画片的岁月，用妈妈给的零花钱去租两本口袋书，上课还偷偷地翻书桌里的漫画。长大了回首展望，才发现日本的动漫作品对我们童年的影响竟然会如此深远，并且这种影响延续至今，从未间断。

除了日本，大概没有哪个国家能将动漫做得如此有声有色。动漫在日本并不只是孩子的游戏，而是被当成一项产业，发展到今日的规模巨大，从口袋书，走向小荧屏，再走到大银幕，即便在奥斯卡也争下了一席之地，让全世界都不敢小觑。

日本动漫是一条严密的产业链。漫画是这个链条上首当其冲的重要环节。日本是世界上发展漫画业最早的国家，早在平安时代就已经有漫画作品出现。漫画形式有连环画，也有四格一组的组画，用图配文的形式讲述一个小故事，具体的表现形式包括格、人物、背景、文字气球、音喻、漫符、台词等技法。所有人物的言谈和思考内容都以文字形式记录在气球中，各种拟声词则以手写字体形式出现，漫符用来夸张的体现人物的心理和动作，想必大家都还记得漫画里人物脑后那滴大大的汗水或者道道黑线，将心理活动描摹得十分形象生动，引人入胜。

日本漫画一般都由杂志连载出版，或成一定的规模后再发行自己的单行本。按

❀日本漫画家鸟山明创作的动漫形象。

❀圣斗士形象。

✿日本漫画大师宫崎骏作品《龙猫》。

照年龄可以分为少男、少女、青年和淑女4种类型。不同的杂志按照各自的读者年龄、性别来选择漫画刊登。少女型漫画影响最广，那种独有的大眼睛、小嘴巴、高挑身材的漫画形象早已深入人心，在世界漫画界也形成了具有独特风格和庞大影响力的流派。

日本漫画产业的高速发展使得国内涌现出一批优秀的漫画家，大量杰出的作品层出不穷，手冢治虫的《铁臂阿童木》可以称得上战后初期影响了现代日本漫画史的代表作。20世纪50年代后，越来越多的日本漫画家都受到手冢治虫作品的启发，藤子不二雄等人的作品大受欢迎。藤子不二雄的那部《哆啦A梦》想必是每个人都不会忘却的记忆，小叮当的口袋是多少孩子心心念念的神奇，所有的快乐仿佛是随着那个如意门开启的。

20世纪60年代，随着电视走进千家万户，那些颇受欢迎的漫画开始被搬上屏幕，从此日本开始了一个崭新的动画时代，一页新的历史被掀开。

几乎所有的日本动画片都改编自漫画，边画边排，每周放送一集，这节奏着实有点紧张，对于动辄要画几百集的日本漫画作品而言，观众需要有足够的耐心等着被吊胃口。动画的形式多种多样，有在电视上播放的TV版、在影院里播放的剧场版、仅仅

❀销售动漫商品的日本百货商店。

❀风靡全球的动漫形象"哆啦A梦"。

通过录像带来发行的OVA版。一部漫画要被分散出好多版本。当年传到国内时，令一群动漫迷好一番眼花缭乱。在中国，很多的动漫迷也都是通过动画片而对日本动漫有了最初的认识。年少时的几部《聪明的一休》、《圣斗士星矢》、《花仙子》、《哆啦A梦》，可谓日本动画的启蒙教科书，丰富了一代人的童年生活。如今日本动画片在中国已拥有极为庞大的粉丝群，涵盖了各个年龄段。日本动画题材多种多样，并不仅仅是为少年而作，向来都兼带偶像剧、动作片、侦探片的各种元素，借虚构的故事和人物反映人性，所以成年人也能找到自己感兴趣的内容，沉浸在曲折起伏的剧情之中。加上日本动画画风细腻，制作精良，十分吸引眼球，就连每部片子的配乐都一丝不苟，每一部动画片都拥有自己整个系列的主题音乐，并邀请当红歌手为之配唱，与动画内容配合得天衣无缝，迅速流行开来，让人从听觉上也得到极致的享受，不但吸引了更多的忠实观众，还能从动画的原声音乐CD的贩卖中稳赚一笔。

提到日本动画，就不能不提宫崎骏。宫崎骏是日本著名的动画片导演，也是今日日本动画的一个传奇，称得上是日本动画界承前启后的大师级人物。他的作品都是出现在大银幕上，每部作品的题材虽不相同，却将理想、人生、生命、环保这些令人反思的问题融入其中，令观者产生共鸣，引发更深层次的思考。他是第一位将动画上升到人文高度的思想者，他的吉卜力工作室与西方的迪斯尼、梦工厂三分天下，在全球动画界都有着无可取代的地位。

日本动漫产业链的最后一个环节便是衍生产品的贩卖，将动画里的人物形象制成玩具和各种日用品，卖给动画片的粉丝们。每一个粉丝都对自己心仪的动画片衍生品狂热追捧，如珠如宝，至此一部漫画赚的已是盆满钵满，充分榨干了它蕴含的商业价值。

在日本，动漫有着广泛的群众基础，粉丝们对漫画家和动画声优狂热追捧，不亚于对日剧偶像明星的热爱。很多粉丝为自己喜爱的作品撰写同人小说，甚至自费出版自己创作的同人漫画。有的把自己装扮成动画人物的模样，这种真人模仿称为cosplay，类似动画界的视觉艺术，在日本极为风行。

对于日本来说，动漫是一个庞大的产业集团，然而之于你我，动漫就是那一个个可爱形象演绎的可爱故事，与我们的童年、青春息息相关。因为他们，我们的童年不再是黑与白的单色调，一路走来，蓦然回首，才发现童年与青春不过是那么弹指十几年的故事，而他们曾经给予我那么多的欢乐与梦幻、温暖与感动。

✤动漫游戏《生化危机》。

20 视觉摇滚 最前卫的日本

当西方摇滚乐传入日本的时候，这种狂放嘶吼的音乐类型深深震撼了日本人。也许更多的时候他们习惯于含蓄沉默，而摇滚乐急促的节奏如暗夜的一道闪电，唤醒了他们骨子里的叛逆与不羁。他们也要开始做摇滚，并且要做得更加出位，不再只局限于听觉的满足，还要进一步追求视觉的冲击。

✤日本摇滚大师——松本秀人（hide）。

随着欧美华丽摇滚与新浪漫主义在日本的渗透日益深入，20世纪80年代初，一种全新的摇滚形式——视觉摇滚在日本诞生了。

X-JAPAN乐队称得上是日本视觉摇滚的先驱者，正是他们继承了欧美华丽摇滚的重金属风格，借鉴了他们夸张的重妆，并结合日本的民族特色，将其演化发展成一种独特的造型美学，这就是视觉摇滚。

视觉摇滚的核心被认为是用服饰和妆容这些视觉系效果来表现音乐。华丽夸张的化妆造型、狂野激烈的舞台表演是视觉摇滚的最大特色，视觉感受被引入了摇滚的效果之中，叛逆的音乐、

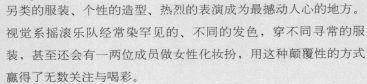

✿hide的摇滚音乐在令自己陶醉的同时，也会深深地感染周围的每一个人。

另类的服装、个性的造型、热烈的表演成为最撼动人心的地方。视觉系摇滚乐队经常染罕见的、不同的发色，穿不同寻常的服装，甚至还会有一两位成员做女性化妆扮，用这种颠覆性的方式赢得了无数关注与喝彩。

同传统的摇滚乐队一样，视觉摇滚也是个讲究成员合作的群体艺术。一支乐队一般是由吉他手、BASS、鼓手和主唱组成，人数4～5人为最常见。由于视觉风格是他们表演的特点，视觉系摇滚通常并不用来指某一种音乐类型，而偏指乐队的类型。

视觉乐队所采用的音乐形式是多种多样的，有流行摇滚、工业摇滚、重金属摇滚、古典摇滚，还有日本所特有的和风摇滚形式。当然一支乐队并不仅仅局限于一种类型，如视觉摇滚的开创者——X-JAPAN，他们就是古典与流行之风并存。

随着视觉系在日本逐渐发展壮大，曲风也日益多元化，独特的美学观念、震撼的视觉效果成了日本音乐界乃至时尚界的一大亮色，赢得了无数歌迷的青睐。但不要以为他们只是靠搞怪来吸引人而已，视觉摇滚乐队在音乐方面都具有极高的水准，他们将自己特立独行的个性融入到歌声和造型中，表现出超出音乐范畴的深层理念，再通过奔放的现场表演迸发出来，赢得观众的共鸣和认同。演唱会是他们最好的诠释灵魂的形式，所有的视觉摇滚乐队都是与演唱会密不可分的。

视觉系在欧美并未进入正统，在日本却成了主流，异乎寻常地繁荣。这或许与日本民族传统的艺术形式里也存在诸多夸张的妆容与表演有关，如艺伎、歌舞伎、能剧等，国民在接受程度上受历史渊源的影响，早已潜移默化地接受了浓妆艳抹的表演形式。

视觉系的fans以年轻人为主，处于青春叛逆期的他们从心理上渴望新鲜刺激，渴望违背常情的事物。妖艳、魅惑的视觉系艺术对他们的吸引力可谓不言而喻。对视觉系艺人的模仿成了年轻人中最流行的炫酷游戏，让他们自己也体会到了受人关注的感觉，极大地满足了好奇心和成就感。

另外，观看视觉系摇滚的演唱会也是他们舒缓压力、释放被压抑自我的一种发泄方式。日本人来自日常生活的压力较大，在这里可以尽情地随着台上的音乐呐喊，就算是对现实暂时的逃避也好，至少这一刻，心是自由自在、无拘无束的。

不管视觉摇滚在表现形式上有多么夸张，音乐都是不可忽略的重要概念。正宗的视觉系音乐应该与服饰和造型紧密结合、相互映衬。他们之间并不是互相服务的关系，而是相辅相成、浑然一体。在视觉的享受中，发掘音乐本质的美，才是优秀的视觉摇滚乐队应该给观众带来的享受！

在20多年的时间里，视觉系摇滚给日本的流行音乐理念带来了极大的冲击，培养了众多的铁杆乐迷，在日本音乐界占据了一个不可动摇的位置。一批新的视觉系摇滚乐队如雨后春笋般成长起来，视觉系摇滚的道路还在继续向前延伸。

如一朵暗夜中绽放的花朵，带着阴柔的俗艳、蒙昽的魅惑、妖冶的美丽。让人看不分明，却又无法舍弃，贪恋不已，深陷入一个华丽的巨大漩涡，这便是视觉摇滚独到的魅力。

❀ 在日本的街头巷尾，几乎随处可见喜爱摇滚的青年们忘我的劲歌热舞。

㉑ 日剧风潮 最前卫的日本

那些当红偶像青春的容颜早已写满了岁月的沧桑，而大屏幕上闪回的一个个熟悉的镜头却依然牵动着我们的喜怒哀愁。时间无法抚平懵懂少年的悸动回忆，所有与日剧相关的日子，突然间又都回来了，让人刹那间红了眼眶。

多年以后，当莉香与丸子在熙攘的街头再次重逢，已是物是人非、旧梦难圆。但莉香脸上洒脱的笑容分明写着青春无悔。二人在街头公园重演了当年恋恋不舍分手的一幕，随着莉香一个潇洒的转身汇入人海，一出轰轰烈烈的《东京爱情故事》终于落幕。谁又曾料得到，这伤感的离别，却开启了日剧在中国一个最为辉煌的黄金时代。

❀ 日剧《麻辣教师》的主演反町隆史。

20世纪90年代初，由《东京爱情故事》这部电视剧刮起的收视旋风，在中国的电视文化界迅速蔓延开去，形成了一阵势不可当的日剧风潮，历时10余年仍风靡不衰。

从20世纪七八十年代一度流行过的《血疑》，到90年代大热的《东京爱情故事》；从我见犹怜的山口百惠，到清纯可人的铃木保奈美，日剧以它靓丽的

❀ 清纯可爱的铃木保奈美，凭借《东京爱情故事》一炮而红。

❀ "日剧天王"木村拓哉曾8次获得"日剧奥斯卡"最佳男主角奖。

包装、俊秀的明星、纯情的故事情节吸引了以情窦初开的少男少女为主的一大票观众。因日本国内拍剧是以季度为档期，每周播一集，这决定了日剧的篇幅通常较短，只有11集左右，对于看惯了国内大制作连续剧的人来说，奋战两天就能看完整部剧，降低了收视疲劳，更具新鲜感。20世纪90年代电视台引进的日剧并不算多，发烧友们就去租音像制品来看，一时间全民皆为日剧狂，谁能忘记那段对着屏幕欢笑流泪的日子，那是年轻的我们心底不为人知的哀伤。

在国内知名度较高的日剧多为爱情题材，浪漫且纯情，有时欢喜，有时哀伤。还记得《悠长假期》里在楼顶绚烂绽放的焰火吗？一段浪漫的姐弟恋，便如同这美丽的焰火一样引人入胜。还记得《神啊再多给我一点时间》里在下雨街道上的狂奔吗？就算死亡最终会将恋人分离，她也要努力抓住生命中一切可以幸福的东西。爱情并不算是日剧的主流，但每一部流传开来的都成了经典。剧情引人入胜，让人欲罢不能。

吸引少年男女的另一大热点是校园题材。日本艺坛偶像工业发达，造星机制完善，从来都不缺靓丽的俊男美女、青春偶像，当然要在青春校园剧中各尽其用。热血、友情与爱情成了这类剧中必不可少的三原色。《爱情白皮书》刻画了几个年轻人在成长的道路上，面对友情、爱情、生活的迷惘；《麻辣教师》则塑造了一个剑走偏锋、却大受欢迎的年轻教师的故事。少年男女们总是能从中找到与自己生活的契合点，获得内心的共鸣。

除此之外，医学、侦探、历史题材也都是日剧的常用选材，每种题材都会反映出一定的社会问题，引人深思。日剧通常都拍摄得很唯美，偶尔还带着一丝凄凉，人生的诸多无奈都被表现得淋漓尽致，同时也将生活中美好的一面呈现给大家。那些相遇分离，拥有失去，不过是人生的一段必不可少的经历，让我们更加成熟坚韧，怀着希望继续走下去。

日剧的风靡捧红了一批日剧偶像明星。铃木保奈美、木村拓哉、松隆子、深田恭子、松岛菜菜子……他们以精湛的演技、姣好的外形受到大批日剧粉丝的喜爱，为人津津乐道。前不久富士电视台50周年台庆，专门做了一场日剧专辑，请来了过往10余年里几乎所有流行日剧的偶像明星做嘉宾，规模之宏大、阵容之整齐、明星之豪华，令人惊叹。那些曾经熟悉的面孔再次出现在眼前，尽管昔日的俊男美女如今都已带了岁月的沧桑，但是随着大屏幕上一个个熟悉镜头的闪回，一首首动听乐曲的响起，瞬间就将我们带回了昔日那段热血沸腾的岁月，时间无声无息地带走了美丽与哀愁，却无法抚平青春年少的悸动回忆，一切都尽在不言中，凝噎于当下。

那些只属于我们豆蔻年华的回忆，注定要与一代人的青春纠结在一起，成为一个不可分离的牵绊，一个少不更事的象征，就像莉香那一个转身的风情，不思量，自难忘。

22 药妆之魅 最前卫的日本

成分温和、效果显著的药妆现在已经成为日本时尚女性美容护肤的首选。对于众多去东京旅游的漂亮美眉而言，去药妆店血拼是行程上不可或缺的一站，总有一款会帮你达成时尚潮人的心愿。

爱美的姐妹们对日本药妆的名字一定不会陌生，在护肤的漫漫长路上都尝试过资生堂、Kose这些耳熟能详的品牌旗下形形色色的药妆系列。无论是药店专柜，还是网上代购，日本药妆生意都火得一塌糊涂，对于美容达人来说，日本药妆比富士山和樱花更能代表日本。

❀药妆可以称得上是日本的标志，全世界爱美的女性几乎都听说过或使用过药妆产品。

药妆是当今国际上流行的护肤新概念，经药线渠道专销，由专业医师根据皮肤常见问题专门研发而来。它与普通护肤品最大的不同就是安全温和的配方，不含色素、香料、防腐剂、表面活性剂等可能对肌肤有刺激性的成分，针对性强，安全有效，保养功效显著。日本药妆与欧美药妆是药妆界的两大标牌。日本药妆种类丰富，功能繁多，就连外形也设计的极为"卡哇伊"，十分

❀ 在日本的任何一条商业街上，几乎都能找到经营药妆产品的商店。

❀ 药妆护理工具。

博人眼球，再加上公道的价格和适合亚洲人肤质的成分，自然受到广大爱美人士的狂热追捧。

在东京的街头，迎面而来的一张张面孔似乎都是经过了经心的修饰装扮，日本女性对于外表的重视程度令人惊艳。从小她们就很重视护肤与化妆，即使在细节处也要追求完美。日本药妆物美价廉的理念早已深入人心，大大小小的药妆店如同便利商店一样密集，购买非常方便，因为对日本女性而言，护肤、美容就如同日常生活用品一样，是绝对不可少的东西。

比起华丽的高级商场，日本药妆店的定位显得更为平民化，集中了各类新鲜有趣的流行产品、热辣火爆的美容资讯，更新速度快，紧随时尚潮流，还时常有打折、降价、积分等促销手段招徕顾客。除了日常清洁和护理类产品，也包括了常用的彩妆用品和美容工具，全面满足了客人化妆的各种需要，成为购物的首选。那些追逐时尚却又财力有限的年轻女孩子们最喜欢逛药妆商店，在这里总是能淘到性价比极高的好东西。

对于美容达人来说，狂扫日本药妆店是她们东京之旅不可或缺的行程。东京药妆店的位置多在车站附近或者繁华的街道两旁，"药"字的大招牌十分醒目。这类店铺面积虽不大，货品却非常齐全。药妆的价格并不完全统一，而是按照店铺所在地区而定。最热门的涉谷地区定价也较高，想要淘更便宜的低价品就要去新宿，这里步行十分钟就可以找到数十家药妆店，竞争极为激烈，促销手段自然也就更多。尤其到了周末，是商家搞活动的黄金时间。血拼的漂亮美眉们绝对会迷失在这琳琅满目的货架中，逛到脚发软却依旧流连忘返。

药妆店里的熙熙攘攘，流动的是平凡的女孩子们对美丽永恒的信仰。只要一点小小的改变，就能变成期望中美丽的模样。神奇的药妆，如同小仙女手中神奇的魔法棒，给予每个女孩健康美丽的权力。对于天性爱美的女性来说，又怎能抗拒它巨大的魅力？

23 樱花祭 日本时间

樱花是日本国民的精神象征。樱花开时，如粉红的云霞般灿烂，而自花开至花落，不过7天的短短时光，7天之后便从枝头随风零落，璀璨且壮美，这7日的花期，在日本被称为"樱花祭"。

樱花祭在日本已经有1000余年的历史，然而古代的樱花祭听起来却令人心惊胆战，毫无美好之意。古时人们要在此时将刚满7岁的孩子作为献给山神的祭礼，以求新一年粮食丰收、生活安康。花开花谢的自然现象，却要付出一条幼小生命的代价，就像有一首歌里唱的那样："樱花何时飘香？欢笑的7岁孩童玩耍时。樱花何时凋谢？死去的7岁孩童升天时……"听得人不寒而栗。

好在这样的封建行为已成历史，今日的樱花祭，日本无论男女老少都会换上精美的和服，外出赏樱，既赏樱花绽放之烂漫，也要赏樱花凋落之悲凉。

在3月~4月，日本自南至北樱花开放的时节，樱花祭如一场传统的盛大节日，给人们带来了无穷无尽的欢乐。

每年樱花花期，日本国内的焦点一下子都转移到了樱花之上，其他的似乎已经不重要了。企业给人们提供了假期，以便与家人团聚，共赴樱花祭。

✲ 樱花只有7天的花期，每当樱花盛开时，人们都不会错过这弥足珍贵的赏花时节，纷纷盛装外出，吮吸樱花的芬芳。

赏樱的地点可以在都市里，也可以在深山中，日本樱花众多，赏樱之处也有许多的选择。东京上野公园的樱花大道，京都的圆山公园，奈良的吉野山，北海道……全都是著名的赏樱点。

每年樱花祭的时刻，这些地方都熙熙攘攘的热闹起来，赏樱之人摩肩接踵，换上只有在重要节庆日才穿的美丽和服，或合家欢聚一堂，或三两好友聚集成群，在樱花树下团团围坐。铺上雪白的席布，一边欣赏樱花怒放的美景，一边与亲朋好友开怀畅饮，把酒言欢，一醉方休。自然少不了风雅之士挥毫作画，吟咏着赞颂樱花的绯句，在飘洒的花瓣雨中抒发着诗情画意。青年男女在花丛中结伴而行，追逐嬉戏，比纷飞的花朵更浪漫的是心中熊熊激荡的爱情。每株樱花树下都像在举办一场小型的宴会，人声鼎沸，笑语喧哗。

樱花祭之乐未必全在看花，而在于踏青之悠闲自在，与亲人欢聚之其乐融融。万象更新之际，能身着盛装，融入这繁花

❀ 在日本，樱花祭是一个十分重大的节日，每到此时，日本人都会举办隆重的聚会，以表达自己心中的喜悦。

似锦的图画当中，与亲友美酒美食同乐，每个人脸上都挂着发自肺腑的开怀笑容，比樱花还要灿烂，这便是传说中人面桃花的美景吧。经过一场樱花祭的纵情狂欢，上一年的晦气一扫而空，随着花谢而归于泥土中，迎来的是新一年的神清气爽，大好心情。

樱花开得热烈，盛放后纷纷飘落，场面壮观，带着一种果断的清高和洒脱。在日本人眼里，樱花就像一位妖娆的武士，寄托着日本人心中对生与死的崇敬与热爱。每年的樱花祭，便是对这位武士的赞美与欢送。

在漫天的樱花雨中感悟生命的可贵，愿我们的生命也能如樱花般有盛极一时的灿烂与美丽。

❈ 樱花盛开时节，能外出欣赏这难得的美景，每个人脸上无不绽放出甜美的笑容。

24 女儿节和男孩节 日本时间

每年的3月3日和5月5日，是日本特有的"女儿节"和"男孩节"，家家户户都会摆放出最精美的人偶娃娃，挂起最鲜艳的鲤鱼旗，祈盼自己的孩子一生安康、奋发向上。

日本的孩子似乎格外幸福，因为日本还为他们保留着古老的传统节日——"女儿节"和"男孩节"，这是世上为数不多的单纯属于女孩和男孩的节日。

每年的3月3日是日本传统的女儿节，在日语里被称做"雏祭"，它是受中国古时候的"上巳节"影响而来的。"上巳节"尽管未在中国流传下去，却在日本得到了传承和发展，融合了日本本土的文化风俗特色，从宫廷贵族女子的游戏演变成了民间流行至今的"女儿节"。每年的这一天，正好是桃花盛开的时节，粉艳艳的花瓣坠在树枝上，不甘寂寞地迎着春风飞扬。比桃花更娇艳的是少女的笑颜，她们是一个家庭最珍贵的宝贝。每个有女孩的人家都会摆出工艺精湛、造型华美的宫装人偶，民间自发的举行盛大的庆典和聚会，祈愿女孩健康成长，一生幸福平安。

人偶是女儿节最显著的标志，一般都是

❈ 每当女儿节或男孩节来临时，日本的孩子是最幸福的，他们可以尽情享受父母对他们的爱。

❀女儿节上，父母都会为女儿精心装扮，并为其祈求终生幸福。

由长辈赠与家中女孩，凝结着长辈的祝福与关爱。人偶宫装打扮，身着锦衣，做工细腻，外形精美。在长辈们心中，家里的女孩子就如同这人偶一样的美丽可爱，是自己捧在手上的心肝宝贝。人偶要摆放在特制的雏坛上，还要辅以"桃花、灯笼、梳妆台"等装饰。从"女儿节"前半个月开始，大街小巷就已经被漂亮的人偶装饰的富丽堂皇。神社、车站、旅馆、便利店、游乐园……这些公众场所处处可以寻觅人偶的痕迹，在路边花草的映衬下，愈发俏皮可爱，让人一看便心情愉悦。女儿节结束后，这些人偶都要及时收藏起来，根据民间传说，一旦人偶在节后摆放的时间过长，会影响女孩儿未来的婚嫁。

女孩儿在这一天的娇宠和荣光难免让诸多的男孩心生羡慕，可是不用着急，两个月之后的5月5日，日本端午祭这一天，男孩们也会迎来自己的节日——男孩节。每年的男孩节也是热闹非凡，举国祝贺男孩苗壮成长。同女儿节的人偶相比，男孩节的标志便是迎风飘扬的鲤鱼旗。每年这一天，家家户户都会在室外挂出由黑、红和青蓝三种颜色组成的鲤鱼旗，衬着蔚蓝的天空迎风飘摇，犹如在大海里劈波斩浪，尽情遨游，成为男孩节户外一道最靓丽的风景线。

挂鲤鱼旗的风俗源自"鲤鱼跳龙门"的古老传说。因为鲤鱼最终能够勇敢地跃上龙门，所以被日本人视为是力量和勇气的象征。大人们希望家里的男孩子能像鲤鱼般朝气蓬勃、奋发向上，成为一个勇敢坚强的斗士，跃过人生的"龙门"，取得成功。此外祭起鲤鱼旗也能引起上天的注意，祈求上苍照顾好自己的男孩

❀女儿节上制作精美的人偶。

子。一条条迎风起舞的锦鲤，充分寄托了长辈们望子成龙的迫切心情。鲤鱼旗中的黑色象征父亲，红色象征母亲，青蓝色则是男孩本人，一家人团结一心，共同欢度节日。

女儿节，人如娇花；男孩节，心比天高。摩挲着最心爱的人偶娃娃，看窗外彩旗飘飘，全日本的孩子都在盼着属于自己的节日快点到来，盼着有一天自己赶紧长大。

25 御正月 日本时间

在日本，御正月——元旦，是一年中最重要的节日，扫去昔日的阴霾，迎接新年的晨光，每个人的心中都满怀着希望，在钟声敲响的一刹那，希望梦想也可以成真。

作为新年伊始的第一天，元旦是一年中第一个必不可少的重大节日。在日本，元旦——日语中称为"御正月"的节日气氛尤为浓厚，日本民族对其极为重视。

古时日本也有过元旦和春节的习俗，只是近代合二为一，将辞旧迎新的重大意义全部赋予了元旦。每年从12月29日便开始举国休假，一直歇息到1月3日，给自己一个不短的身心放松期。人们在家里着手准备过年的琐碎事宜，怀着兴奋的心情，等待着新一年的脚步临近。

❀ 新的一年来临，人人都会做一些寓意好兆头的物品，祈求来年的吉祥顺利。

12月31日，每年最后一天是日本人口中的"大晦日"，也就是日本传统意义上的除夕，除夕的晚上则称为"除夜"。除夜是一家人团聚的日子，日本人也有守岁的习惯，他们围坐在一起倒数这一年的最后时光，共同祈求神灵赐福，送走旧日的邪恶晦气，迎来万事如意的新一年。最热闹也是最惬意的事，就是一面吃着香喷喷的象征健康长寿的荞麦面条，一面从电视里收看日本顶级歌手参与的"红白歌会"，共享天伦，其乐融融。

"除夜之钟"意味着新年的降临。午夜时分，大大小小的城乡庙宇忙得热火朝天，处处香烟缭绕，钟声长鸣。佛经里有"闻钟声，烦恼清"的说法，受佛教文化影响深远的日本在除夜最后一刻会鸣钟108下，他们相信，钟声每敲响一次，就会有一种

❀ 除夕之夜的最后一刻，人们会敲响108下钟声，预示着过去一年一切的烦恼都随着钟声消失殆尽，迎来令人愉悦的新的一年。

烦恼在袅袅的余音中被涤荡的干干净净，化解于无形。当最后一声钟鸣在午夜寒风中传进千家万户的耳朵时，就意味着新的一年正式降临了。家中围坐的人们互道祝福之后散去，心怀无限憧憬沉沉睡去，希望在一年初始时可以得个好梦。再睁开眼，看到的便是新一年的第一缕晨光。日本人所称的"正日"正式到来了。日本是个非常重视礼节的国家。元旦早上全家团圆，小辈要恭敬地给长辈拜年，互相讲述一下昨晚的梦，研究吉凶。新年还是个"吃"的日子，"正日"的早餐尤其丰盛。一家从幼到长依次品尝屠苏酒、青鱼子、黑豆等传统食品，据说这些食物象征着吉祥，会给家庭带来安康幸福、人丁兴旺。此后的三天假期里都会以这类食品为主。忙完家里的事儿，是时候该出去走走了。除了走亲访友拜年之外，日本人还习惯去寺庙和神社祈福。老年人带着可爱的孩子，男孩约上自己心爱的女孩，一股脑地涌上大街，在清晨的街道上迎接新年初升的太阳，有身边的笑容相伴，一年的心情都会跟着开朗。在神社里向神明道出新一年里自己最美好的心愿，求一支寄托了期冀的签语，把七福神请回家，无论求得何解，都暗暗希望可以美梦成真。

　　入夜时分，却是整个日本的"亮度"到达鼎盛的时刻。城市里五光十色的霓虹灯亮起来了，竞相闪耀着喜庆的光辉。各个家庭也把墙壁上、庄园里的装饰灯精心布置，一一点亮，照如白昼，温馨且温暖。这些各具特色的灯饰已经变成了元旦里日本各地一道固定的风景线。在火树银花不夜天的城市街头，出来参加各种庆祝活动的人挤满了大街小巷，每个人的脸上都写满了新年的喜悦，忘记了冬夜的严寒。我的心底也有一个小小的心愿，伴着我们一起踏入这新的一年，海那边的你是否能听见？

26 盂兰盆会 日本时间

抛却掉那些古老的、繁琐的祭祀仪式，盂兰盆会现在已经渐渐的演化成为一个合家团聚、共享天伦的亲情之节。比起逝后的追忆与祭奠，珍惜"生"的时时刻刻显然更为重要。

"盂兰盆会"本起源于中国，在中国已经渐渐忽略这个古老节日的时候，它却在日本得到了继承和发扬。因为佛教在日本有着极大的影响，佛教传统的盂兰盆会也受到重视，渐渐流传到民众中。

现在盂兰盆会已经不是佛教徒的专门仪式，而是成为仅次于元旦的重大节日，日本举国都要放假欢庆。

在日本，盂兰盆会定在每年的7月到8月之间，又称为"魂

❀ 盂兰盆会上悬挂的灯笼。

❀ 日本的盂兰盆会是合家团聚的节日，每个人无论身在哪里都会在此时返回家里，与亲人相聚。

❀盂兰盆会期间要举办各种迎祖、祭祖、送祖的祭奠活动，家家户户都会悬挂灯笼，以示对先祖的祭奠。

祭"、"灯笼节"、"佛教万灵会"等。它本是佛教的仪式，"盂兰盆"的字面意思为"倒悬之苦"，盂兰盆会正是为了解救这个苦难而进行的仪式。根据佛教《盂兰盆经》的解释，目连尊者曾在这个时节供奉各种食品，以此法式救出了陷入饿鬼道的母亲。于是信徒纷纷仿效，为自己故去的亲人祈福超度。盂兰盆会曾经盛行于中国和印度，于飞鸟时代传入日本，一直保留至今。

日本人非常重视盂兰盆会，既是为了追祭祖先，更是为了合家团聚。大小的机关企业都要放假7天～15天，以便在异地工作的人有足够的时间回到家乡，参加家族有组织的祭祀活动。日本的小乡村每年这个时候都会变得热闹非凡，外出的人回家，城市的人返乡，没有人愿意错过这个与家人团聚的好机会。

日本各地盂兰盆会的活动期都不相同，一般为13天～16天，节日期间举行迎祖、祭祖、送祖等一系列活动。7月的时候各地便已设立"盆市"，出售节日用的供花和供品。每家门口都要用竹竿高高的悬挂起灯笼，在室内为先祖设立魂龛，点燃迎魂火和送魂火，以示祭奠。

在8月13日前后，全家要迎接祖先的灵魂，据说他们会在这一刻回到亲人中间，与活人共同生活4天。每天晚辈都要供上美食给祖先享用，还要祈求生者的长命百岁和万事无忧。

16日以送魂火的方式把祖先之灵送回阴间。还有一项重大的活动就是盂兰盆舞。夏天凉爽如水的夜里，伴着有节奏的太鼓

❀盂兰盆会期间，日本全国各地都会举行隆重的聚会。

声，男女老少身穿日本传统的衣装翩翩起舞，欢送祖先灵魂回到冥间。

　　虽然舞蹈动作都比较简单，但是人们尽情地唱跳欢笑却将节日的气氛推向了最高潮。现在这个盛大的场面已成为极富日本民族特色的一景，吸引了众多国外的游客前去观光。

　　随着生活水平的提高，在日本社会忙碌的节奏中，似乎已经很难再抽出时间和精力，对这种大张旗鼓的祭祀活动亲历亲为，传统的风俗仪式都在慢慢地从繁化简。

　　盂兰盆会依旧是日本人很重视的节日，但却更多的成为一个休闲娱乐的时间。平日里辛苦劳作的人们稍作休息，祈祷下半年的幸福与收获，身在外地的人们利用休假返乡探亲，享受团圆之乐。

　　比起以往的盂兰盆会偏重于对死者的追忆，现在的节日则更加重视合家团圆、共享天伦之乐。

　　人们的观念跨越了一道生与死的界限，或许只有在经过世间的风浪之后，人们才能更加明白，唯有珍惜生之团聚，才能淡然面对死之别离。

❀ 盂兰盆舞是盂兰盆会期间一项重大的活动，人们跳起欢快的舞步，欢送祖先的灵魂回到铭间。

❀ 表现家族团聚的日本一家。

Chapter 4

特别推荐···

4 大城市旅行攻略

Japan

Ginza
摩登银座

超级购物天堂

银座与富士山和京都齐名，是日本现代、自然和历史的三大象征。它代表的繁华、摩登的时尚风格是如此深入人心，即使没来过日本的人也早已对它的大名如雷贯耳，不胜向往。

对于来到东京的购物狂而言，哪里是行程的首选，答案只有一个——银座！

银座是日本东京中央区最主要的商业区，以繁华的街道和高级购物商店闻名于世。它位于中央区的西部，是一条长约1000米、宽700米的大街，分为银座一丁目至银座八丁目，就是所谓的"银座八町"。旁边分布着全国著名的大型购物商场、特色工艺品的小店、高级小吃店等。银座街道宽阔，每周末的中午到傍晚都会禁止机动车通行，只看得见川流不息的人群熙来攘往，成为行人专区，被称为"步行者的天堂"。

走在银座大道上，鳞次栉比的高楼大厦、五光十色的灯影霓虹、形形色色的广告牌，定然看得你目眩神迷。大道的两旁坐落着4家大型百货公司，500家特色商店，2000多家饭店，1600多家

❋银座是购物者的天堂，每个到东京来旅游的人都不能错过这个地方。

酒吧和歌舞厅。不要以为银座只是单纯的商业地带，这里还有30多家剧院和100多处画廊，甚至《读卖新闻》、《朝日新闻》都进驻于此，占有一席之地，为灯红酒绿的繁华大街渲染了几分文化气息。

　　无论是商人政客，还是寻常百姓，身处不同阶层、怀揣不同目的来到银座的人都绝不会失望而归，银座为你提供了最好的商业、休闲与社交的场所。你可以选择高雅昂贵的"料亭"去商谈公事，也可以去"炼瓦亭"这样的寻常小店品尝美味小吃；可以去"三越公司"这种气派的大商场尽情血拼购物，购买时髦的世界名牌，也可以在"新松"老店现场定制一件贴身的和服。消遣游乐、公关外交、逛街购物，各有所好，这正是银座独特的魅力所在。

　　华灯初上时的银座是最美的，所有的广告牌和霓虹灯都亮起来了，五彩纷呈，照亮了整个夜空，银座如同天上的银河，光彩夺目，华美恢宏。让你怎能不心生向往？

❋ 夜晚，霓虹灯下的银座光彩夺目，令人心驰神往。

东京的时尚地图

*T*sukiji
筑地抢鲜

日本人的大厨房

日本人把筑地当做是自家国民的大厨房，这里拥有世界最大的海产品市场，世界各地打捞上来的海鲜几乎全部汇集于此。想要大快朵颐，就快点来筑地抢鲜吧！

作为一个日常饮食都离不开新鲜鱼类的国家，日本对海鲜有着别样浓厚的感情，而筑地就是首选。

离东京银座只不过步行15分钟的距离，但却像完全掉入了另外一个世界，从灯红酒绿的花花世界，骤然来到了夹杂着腥味和鲜味的海鲜大市场。

"筑地"的意思是"填海所造"的土地，东京筑地果真就是个填海造地而成的地方。如今这里观光客络绎不绝，他们几乎都是为了筑地市场而来。筑地市场面积不大，却集中了世界最高质量的鱼类产品。除了主营水产物之外，还经营着蔬菜、肉类等各式新鲜食品。从交易量和占地面积来讲，不仅仅在日本，哪怕在全世界它也是首屈一指的大型海产品市场。这要得益于筑地天然的优良地理位置，濒临东京湾，面向太平洋，鱼类资源十分丰富。东京鳞次栉比的繁华商业区为筑地市场创造了良好的商业环境，周边铁路、公路、航空和海运组成了一个四通八达的交通运输网，为筑地市场提供了极大的便利条件，将海产品及时的运入运出。

每天早上，当第一缕阳光刚刚从云彩后面跳出来的时候，筑地市场已经响起了清脆的叫卖声。不要以为只有商贩才如此辛勤，相当数量的观光客为了欣赏到鲔鱼拍卖的热闹场面而在早上5点就到达了筑地。密集林立的店铺早早就开始了一天的生意，从世界各地海里捞出来的上万斤海产品全都汇集在了这里，为日本人的餐桌源源不断地输送着新鲜的食物，难怪日

❀ 筑地市场为人们提供了丰富的海产品。

本人亲切地把它视做"国民大厨房"。

逛筑地的乐趣并不仅仅是观看海鲜买卖的场景，来这里一定要尽兴的当然就是——吃！守着大厨房吃东西绝对管你够。市场周围有许多新鲜的生鱼片店和寿司店，海鲜在这里是即叫即烧的。肥大的生蚝，鲜美的扇贝，肉嫩的鳗鱼……都摆在摊子上随便挑选，有点像国内的大排档，看得人垂涎欲滴。挑选好后交给老板，就可以等着大快朵颐了。配着日本甜津津的豆奶，连吃带喝，十分过瘾。

除了海鲜市场，这里还有其他的食杂小店供游客购物，售卖的都是日本特色的民族小吃，自然是外国旅行者的最爱，吃完了海鲜之后还要大包小包的带回一兜子。

由于基本没有受到战争的影响，筑地还保持着昭和初期的城市气氛，吃饱喝足之后在筑地的街上吹吹海风，信步闲游，可以感受到世纪初的那种文明开化的风气。大街小巷上，偶尔还有鱼贩骑着专用的电动车呼啸而来，行人纷纷闪躲，一阵略带着腥味的风过去了，让人回忆起饕餮的美味，筑地就是一个如此生活化的地方。还不快来和我一起抢"鲜"！

❋ 让人垂涎欲滴的肥美大章鱼。

❋ 筑地市场上的商家正在搬运鲜美的三文鱼。

东京的时尚地图

Asakusa
步行浅草

江户时代的荣光

"**浅**草"曾经是江户时代的第一闹市，庶民的欢乐天堂。尽管昔日的荣华已随战火缤纷凋落，对江户时代的留恋却是浅草解不开的情结，至今还保留着浓郁的江户时代风情，形成了自己独具特色的魅力。

"**浅**草"曾经是江户时代的第一闹市，一派歌舞升平的繁华景象，被人们称为"欢乐之地"。到了明治时代，浅草被划为了东京市的15区之一，以著名的浅草寺为中心，指定为"浅草公园"。虽然公园早已毁于二战的战火，浅草地区一度沉入萧条，但浅草寺巨大的雷门却还在人们的视线中，那个书写着"雷

❀浅草寺的雷门。

门"的巨型灯笼，已经成为浅草的象征，甚至是东京某个层面上的标志。

从地铁浅草站下车后走不远，现代化的街道上蓦地跃出一座高大的牌楼，门的正中吊挂着一个高5米、直径6米的巨大灯笼，上书"雷门"两个大字，这便是浅草寺的正门了。雷神与风神的雕像护卫左右，威风凛凛，气势

逼人。几乎所有的游客都要在此合影留念，然后自灯笼下鱼贯而入，但见寺内香烟缭绕，人声喧闹。作为东京最古老的寺院，浅草寺因一座观音像而著名，香火鼎盛，信徒和游客不绝，从而也带动了浅草地区的繁荣。

与浅草寺大殿相隔一个门楼，便是著名的浅草商业街。作为日本极有代表性的老市区之一，浅草一直对昔日的荣光念念不忘，至今还保留着浓郁的江户时代风情。商业街的左右挤满了各色商铺小店，朱红门面喜气洋洋，商家身着和服，笑容可掬，殷勤地叫卖自己的东西。柜台上整齐地摆着各种各样最具日本民族特色的工艺品：和服、灯笼、人偶、扇子……做工精美，风味十足，价钱也不算贵，看得人眼花缭乱，购买欲望早就被勾引的蠢蠢欲动了，不血拼一番怎能善罢甘休？这可是在东京的大商场里都无法体会到的购物之乐。

逛得累了，就找大大小小的食品屋歇歇脚吧，这里可是品尝江户美食的绝佳场所。天妇罗、荞麦面、鸡素烧、烤鳗鱼、炸泥鳅……你可以找到所有你能想得到的具有代表性的江户食品，坐下来吃个够。

而且，时不时地还会有人力车从眼前经过。车夫是年轻的日本小伙，身着深蓝色的古装，头戴一顶大圆帽，平时他们都在浅草寺门外热情地向游客们招徕生意。

难怪说浅草是东京市区内最适合怀旧的地方，是东京人剪不断的乡愁。那熙来攘往的场面，瞬间模糊了时间的界限，恍惚似又回到了昔日那个庶民的欢乐天堂。

❋ 浅草寺门前，经常有许多只鸽子在此逗留，它们时起时落，为喧闹的浅草寺增添了一份宁静。

❋ 夜晚，浅草寺中的灯塔熠熠生辉。

东京的时尚地图

Ueno Park

上野樱花浪漫时

• 那一片绯红的轻云

提起上野公园，便忆起鲁迅先生笔下那一片"绯红的轻云"。每年樱花开放的
季节，上野公园樱花大道两旁樱花怒放，灿若云霞，比春天的艳阳还要绚烂
夺目，人在其中，如身临仙境，难怪这里一向都是东京人结伴赏樱的好去处。

❀挂满樱花的枝叶弯弯垂于
水面之上，将甜美的香气顺
着流水送往远方。

"上野的樱花烂漫的时节，望去确也像绯红的轻云。"这是鲁迅先生笔下的上野公园，多少年来奇文共赏，它也成就了国人对日本樱花的第一印象。从此记住了樱花，记住了上野，二者密不可分。

日本人喜欢在阳春三月出门赏樱，将这风雅之事赋予了一个浪漫的名字——花见。上野公园便是他们花见的首选之地。上野公园全名上野恩赐公园，坐落在日本东京都台东区上野，是日本第一座公园，也是全日本最大的公园。此地本属于日本皇室，1924年由天皇下赐东京市管理，故名"恩赐"。在专门发给外国游客的旅游图上，上野公园赫然处在最显眼的位置，足见东京人对于它的自豪。它不但是著名的赏樱之地，还是东京国立博物馆、国立西洋美术馆、国立科学博物馆、上野图书馆、上野动物园所在地，拥有着众多的文化设施，书卷之气与樱花之香共同飞扬。故上野公园之盛名，不仅仅在景色之秀美，还在历史之久远、人文底蕴之深厚。

刚进公园大门，一座高大的铜像便跃入视线，这便是明治时代大将军西乡隆盛，他在此矗立已有百年，接受了无数日本国民的敬仰。

上野公园当年曾做过德川幕府的家庙，所以是个古迹众多的地方，漆黑色调的馆舍与鲜艳的灯笼交相辉映，百年的老树与清亮的喷水池将江户和东京时代的特色巧妙地融为一体。行走于沧桑的古迹中，仿佛穿行在历史的时空中，怀古幽思瞬间满溢。

而突然之间眼前便豁然开朗，神游的思绪立时被吸引当下，一条宽阔的道路自脚下蜿蜒向远方。这便是上野公园"花见"之胜地——著名的樱花大道。樱花大道现在已有1300多株樱花，排列密集，枝繁叶茂。每年春季花期到来时，枝叶交错缠绕，将整个大道笼罩在一片粉红色的花影中，灿若云霞，比春天的艳阳还要绚烂夺目。

风过之处，花枝轻摇，降下一片粉红色的樱花雨，飞舞盘旋的花瓣摇曳多姿，充满了诗情画意。上野公园的樱花数量众多，品种不一，其中还包括了日本的樱花名品"染井吉野"，吉野樱在叶子长出前就已开出透着淡红色的白花，给人十分华丽的印象，本是上野公园独特的品种，从这里开始而为世人广知，作为最受欢迎的樱花推广到日本全国各地。

每年的"花见"时节，樱花大道上游人如织，花团锦簇，东京人三两结伴，出游赏樱，围聚在樱花树下，或饮酒高歌，或高谈阔论，连鸽子也成群地飞过来凑热闹。

很多女孩子都穿上漂亮的和服，传统的服装与日本的国花争奇斗艳，弥漫着浓郁的日本风情。女孩的脸上带着甜美的笑容，成为春天的上野公园里一道别致的风景。

❀ 洒满樱花的道路两旁，挂满了迎风招展的商业条幅，为观赏者增添了一份浓郁的生活气息。

Tokyo Tower
铁塔瞭望

曾经的世界第一

虽然红白相间的铁塔身姿雄伟，外形出众，但是它对于东京的意义绝不仅仅是观光游览的招牌。这座代表了日本最先进建筑技术的铁塔，担负着电视广播信号传输等重要的任务，它是每个东京人生活中不可或缺的希望。

在日本，单是以"东京塔"为名的电视和电影就有三部。虽然各自讲述的都是亲情、爱情，侧重点并不相同，却都选择了著名的标志性建筑——东京塔为背景。时不时闪现的铁塔镜头给人留下了深刻的印象，都市繁华绚烂，美景清新自然，一段段故事就这样娓娓道来，有些伤感，有些温暖……

东京塔，正式名称为日本电波塔，矗立于东京都港区芝公园西侧，不仅仅是东京，也是日本的标志性建筑。

东京塔原本是仿照埃菲尔铁塔建筑而成的，结果在高度上青出于蓝，反而超出了埃菲尔铁塔近10米，高达333米，是当今世界上最高的独立铁塔之一，而它的重量却只有4000吨，比埃菲尔

❉ 多次上镜的东京塔在东京有着举足轻重的地位，除了供游人观赏外，它还承担着信号发射、风速测试、温度测试等众多任务。

铁塔的一半多些，如此轻巧却雄伟坚固的铁塔，于1957年6月29日动工建造，1958年10月14日完工，工期仅为1年近4个月。东京塔代表了日本先进的建筑技术，自1958年正式竣工之日起，便成为所有日本人的骄傲。

此外，建塔时使用的原材料中，有相当一部分采用的是朝鲜战争时使用过的战车，由此，东京塔又被附加了一种浓厚的历史气息。现在，东京塔为"日本电波塔株式会社"所有，负责其日常维护管理工作。

另外，建造东京铁塔时，人们曾破坏了原址上的增上寺的部分墓地，传闻此地常有灵异现象出现。

东京塔有着高大的塔身，其颜色红白相间，十分醒目，这是根据航空法的规定，采用了易于识别的色彩。

对于东京来说，铁塔的存在绝不仅仅限于观光游览，而是具有极重要的实际用途。东京市内各大电视台和电台的电视广播无线信号都由它来发射，这也是当初建塔的初衷，此外它还担负着航标、风向风速测量、温度测量、大地震时发送JR列车停止信号等重要任务。东京塔身兼数职，实在不容小觑啊。

别的观光旅游景点可能有旺季和淡季之分，但是东京塔却从来不用担心没有人光顾。每天慕名而来登塔的游人如织，不计其数。

塔高150米和250米的地方都设有展望台，人们可以乘电梯直达。登上展望台，透过宽敞明亮的落地玻璃，整个东京市区的繁华面貌尽收眼底。在晴朗无云的天气里，人们甚至能远眺到富士

❀ 庄严秀丽的东京塔屹立在城市上空，向人们传递着日本的现代化气息。

❀ 华灯映照下的东京塔迎来了它一天中最辉煌的时刻。

山的雄伟身姿和横滨的美丽景色，视野开阔，心情也跟着开朗起来。

展望台的地面镶有透明的俯视窗，给好奇铁塔内部构造的人提供了大好的观赏机会，只要一低头，脚下的景色便一目了然，从另一种角度直接感受身处的高度。如果你对自己的体力有足够自信，大可以舍弃电梯，用最健康、最自然的方式登塔——沿563级台阶拾级而上，一番气喘吁吁之后，更能体会出眼前美景的来之不易。

日落西山的时候，铁塔也迎来了它一天中最为辉煌的时刻。随着塔身上的176盏照明灯的骤然点亮，原本静默无声的铁塔似乎在一刹那被赋予了生命，瞬间便神采飞扬起来——这是世界著名照明设计师特意为东京塔打造的灵魂，五颜六色的灯光鲜明的映射出铁塔的华丽雄姿。

照明时间规定为日落到午夜12点之间，更为奇妙的是，灯光的颜色还可以随着季节变化。冬季为橘黄色，暖意融融；夏季则为淡淡的日光白，清凉惬意。铁塔原来也可以如此人性化的揣摩人意。

东京塔发誓绝不做"花瓶"，游人们除了能一睹它的美丽容貌和壮丽景观外，还能在此找到惬意浪漫的休息之所。塔底的铁塔大楼仿佛是为奔波的旅人提供的舒适驿站。咖啡厅和快餐店能让你痛痛快快地休息一下疲惫的双腿。

可是没过多久你又会被里边漂亮的水族馆、逼真的蜡像馆吸引了眼球，趣味横生的三维迷宫可以尽情玩乐，驻扎着多家店铺的商场是购物的好去处。谁能想到，登一个东京塔，竟是这般的妙趣横生，其乐无穷！

在铁塔守护的地方，温情与激情都在漫延四溢。非比寻常的铁塔下，人与人是不是也会擦出非比寻常的感情火花？也许生活会翻天覆地，回忆也会烟消云散，但是无论四季如何交替，湛蓝的天空下，铁塔永远都是高傲地俯瞰人间。我们每个人心中也有这样一座不倒的塔，那是对未来的无限希冀。

✤ 夜幕下的东京塔别有一番风情。

东京的时尚地图

Rainbow Bridge

彩虹桥之恋

· 爱到地老天荒

在 东京这个物质化的城市里，难得有这般感性的建筑。无论是旭日东升时的红艳、夕阳西下的金黄，或者东京璀璨的夜空下七彩的灯光，彩虹桥静默的存在，都给人一种踏实的安定感。

❀ 夜灯下的彩虹桥显得更加美丽动人。

很 多人认识彩虹桥，大概是从那部著名的爱情日剧——《恋爱世纪》开始的。木村拓哉和松隆子并肩走过彩虹桥的行人通道，从芝浦的家里走到台场的沙滩上，寻找被木村弄丢的戒指……

在其他的日剧与漫画中，彩虹大桥也曾频频出现，不知勾起过多少人的眼泪与哀愁，感动，感伤，各种情绪交织。在东京这个物质化的城市里，难得有这般感性的建筑，无论是旭日东升时的红艳、夕阳西下的金黄，或者东京璀璨的夜空下七彩的灯光，彩虹桥静默的存在都给人一种踏实的安定感，让人不由怀念起相伴的恋人，希望他也能如彩虹桥一样陪伴在自己的身边。

彩虹桥是一条横跨东京湾北部的大桥，专为连接芝浦及台场所造，是台场的标志之一。得名"彩虹"是因为它的形状，也因为每个夜晚它的耀眼光芒。桥分上下两层，桥身为白色的设计，漂亮且气派，因为是悬索桥的架构，空中架着舒展的缆绳，整座桥的外形如海面上一只引吭高歌的巨大白天鹅，高贵优雅。柔和的白色映衬着碧海蓝天，十分清爽宜人。在悬索上置有红白绿三

色灯泡，共计444盏，利用白天吸纳的太阳光为能源，晚上一起点亮，将大桥勾勒得流光溢彩。随着季节的不同，灯光的颜色也有所改变，大桥的夜景以不同的风情面貌变幻着，如一道人造彩虹横跨海面，光芒万丈。站在桥上，可以眺望整个东京湾迷人的海景，凉风习习，心底油然而生一种温馨的感动。

许多情侣都爱手牵手漫步桥边，共看夜景斜阳。对于所有分居在芝浦和台场的恋人来说，彩虹桥承载了他们太多的情感，那么多的相聚、离别、拥抱、牵手、微笑、眼泪……都寄托在这座定情之桥上。愿爱情也像大桥一样的坚固，至死不渝。

桥下层外侧辟有专门的人行通道，号称"彩虹散步道"，这便是当年木村和松隆子过桥的地方。单程1.7千米。因为日剧的缘故，彩虹桥也变成了著名的旅游胜地，不管是参观，是缅怀，是期待，每天桥上都站满了无数手持单反相机的游人，贪婪地想把眼前所有的美景都收到相机里，只是那又如何能记载其万一？往返3.4千米的行程，倒是个健身的好机会，也许会走得有点累，但哪怕身在炼狱，你的眼睛看到的却是天堂。

❀ 俯瞰彩虹桥，犹如一条盘踞于水上的巨蟒。

東京的时尚地图

Daiba

台场的月光

· 情侣天堂

台场是一座建在海面上的漂亮新潮的街道城市，如今它已成为东京新兴的旅游景点，全东京最新颖时尚的购物和娱乐场所都集中在这里，备受年轻人的青睐。热恋中的情侣也许会更偏爱它，因为这里有着那么多的浪漫与神奇。

台场又称御台场，是一座漂亮新潮的"街道城市"，位于东京东南部东京湾的人造陆地上。经济与科技飞速发展的日本，终于可以在大海上建起城市来了，听上去这是一种很新奇的存在方式，它注定了台场这个地方的不平常。全东京最新颖时尚的购物和

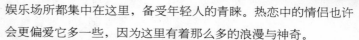

娱乐场所都集中在这里，备受年轻人的青睐。热恋中的情侣也许会更偏爱它多一些，因为这里有着那么多的浪漫与神奇。

　　来到台场一定要坐摩天轮，台场有着世界上最大的幸福摩天轮，这是很多人爱上台场的理由。很多情侣趋之若鹜却都是为了那个神奇的传说——摩天轮上有一个座位是全透明的，而每天的正午12点坐在那个座位上到达最高点的情侣一定会相伴终生，永远幸福。虽然仅仅是个美丽的传说，但是有几个人能抗拒这种甜蜜的诱惑？谁不想做那个最幸福的人，和自己的最爱手拉手一同跨越天空？在这短短的封闭的时间里，心境平和地去观赏脚下的世界，一切如风过耳，只有身边的人才是此生最大的信任与依赖。著名的富士电视台本社大楼在这片土地上已经矗立了51年，来到台场的人都不愿错过亲眼目睹那些熟悉的日剧拍摄场景的机会。富士电视台的免费观光也是台场之旅不可错过的一站。运气好的时候，还可以赶上电视节目的现场录制。大楼的25层有一个著名的球体瞭望室，这是东京三大瞭望台之一，有270度的视角，在大球里俯瞰东京的全景，彩虹桥和东京塔都能收入眼中。富士电视台喜欢就近取景，许多电视剧就是以台场为背景拍摄的。若是能牵着爱人的手，将电视剧里那些爱情故事发生的美丽场景重走一遍，是不是我们的爱情也会被点缀得缤纷多彩，如电视剧里一样的浪漫？

　　台场的中心地带是"台场水色之城"，这里建有大规模的时尚购物中心，采用了最新音响和映像设备的大型综合电影院，日本最大的美食城……接二连三落成的新设施让人目不暇接。"帕莱特城"是一座面向女士的主题公园，内部装饰仿效了18世纪欧洲的城市风格，容纳140多家店铺，新颖的商品和欧化的风格吸引着潮流达人纷至沓来。御台场海滨公园跨过了著名的彩虹大桥，站在公园中可以远眺到彩虹桥的雄伟身姿。如果看到了熟悉的"自由女神"像，不要怀疑你看花了眼跑到了纽约，台场也有属于自己的自由女神，以彩虹大桥为背景，昂然屹立，花冠与火炬都与纽约的女神如出一辙。这是纽约女神的一座复制品，只是尺寸小了很多。虽然女神雕像是仿制而来的，可台场自在逍遥、先进时尚的气氛却是绝对原创，无需复制。

　　台场的夜，灯火辉煌，照如白昼，仿佛还没有来得及休息，新一个白天又匆匆开始了。闪亮的霓虹如长河般一泻千里，这就是台场迷人的夜色。这就是我们爱的天堂。

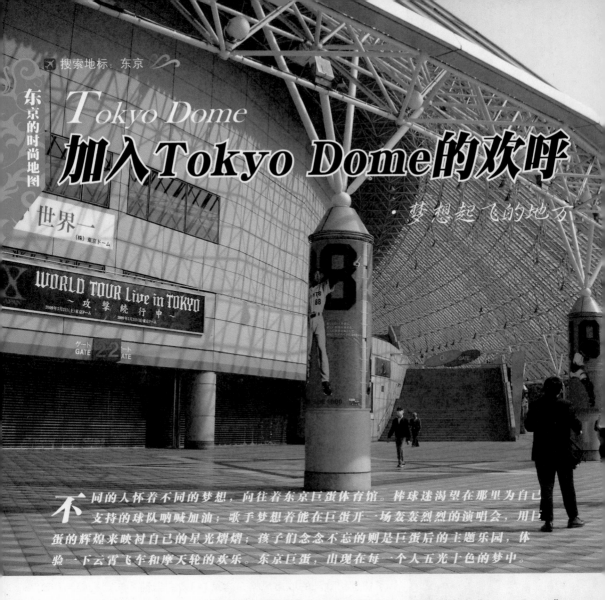

东京的时尚地图

Tokyo Dome

加入Tokyo Dome的欢呼

梦想起飞的地方

不同的人怀着不同的梦想，向往着东京巨蛋体育馆。棒球迷渴望在那里为自己支持的球队呐喊加油；歌手梦想着能在巨蛋开一场轰轰烈烈的演唱会，用巨蛋的辉煌来映衬自己的星光熠熠；孩子们念念不忘的则是巨蛋后的主题乐园，体验一下云霄飞车和摩天轮的欢乐。东京巨蛋，出现在每一个人五光十色的梦中。

❀东京巨蛋是每个人实现各自梦想的地方，它是东京最典型的娱乐场所。

即使是没有到过东京的外国人，也都听说过"Tokyo Dome"的鼎鼎大名。不同的人怀着不同的梦想，向往着东京巨蛋体育馆。棒球迷渴望在那里为自己支持的球队呐喊加油；歌手梦想着能在巨蛋开一场轰轰烈烈的演唱会，用巨蛋的辉煌来映衬自己的星光熠熠；孩子们念念不忘的则是巨蛋旁的主题乐园——后乐园，体验一下云霄飞车和摩天轮的欢乐。东京巨蛋，就这样出现在每一个人五光十色的梦中。

东京巨蛋，英文名称Tokyo Dome，坐落于日本东京文京区，是一座能容纳55000人的大型体育馆。巨蛋体育馆由外形而得名，它的屋顶就是一个巨大的蛋形，屋顶带有有弹性的薄膜，平时巨蛋内的气压会控制在比室外高0.3%左右，室内24小时开启空调，以维持巨蛋穹顶的外形。

它的主要用途是被日本职业棒球联盟的读卖巨人队当做比赛主场。作为日本最著名的冠军队——读卖巨人的主场，巨蛋体育馆自然也受到了越来越多的追捧和热爱。

❋ 东京巨蛋外观。

除了棒球之外，这里还举办篮球、美式足球的比赛，承办综合武术、K-1，杂技及各种文艺表演。

对于外国人来说，巨蛋作为世界巨星巡演舞台的意义显然更大于棒球。即便是麦当娜这种大牌的巨星，也会选择"东京巨蛋"为自己的世界巡演画上一个完美的句号，可见"巨蛋"的影响力和号召力有多大。

每年有多少歌手梦寐以求能够登上巨蛋的舞台，巨蛋5万多个座位对于所有开个唱的明星都是一个巨大的挑战，所以巨蛋只接纳有足够经济实力的公司和有超高人气的艺人，他们必须有极高的人气做支撑、保证演唱会的上座率，才能在此一展歌喉。

历来在巨蛋开唱的都是日本国内外超人气国民偶像明星，如X-JAPAN、滨崎步、宇多田光、滚石乐队、玛利亚·凯莉等等，这些巨星们争相

❋ 仰望东京巨蛋的外部轮廓，无不让人惊诧于它的威严与雄壮。

在巨蛋创造着记录——最多观众人数、最高票房纪录、最长时间连续演出……

然而孩子们全然不去理会棒球和大牌明星，在他们心里，这里只是一个名为"后乐园"的主题乐园——这是"巨蛋"的又一功能。云霄飞车和摩天轮等游乐设施一应俱全，同时还有供参观的棒球博物馆。前来游玩的大人和孩子可以各取所好。

每一个有比赛或者有演唱会的夜晚，巨蛋就像过节一样热闹。观众们几乎喊破喉咙的欢呼声震天，一次次冲击着蛋形的穹顶。别致的穹顶也难掩里边的璀璨星光，所有青春的激情都在这里被点燃，带着骄傲的汗水在舞台上肆意地挥洒！让我们一起投入到这场盛大的狂欢，让Tokyo Dome沸腾起来吧！

东京的时尚地图

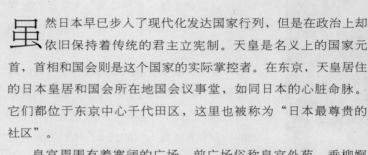

Imperial Palace & National Diet Building
皇居和国会议事堂

·国家的心脏

作为君主立宪制的现代化国家，日本皇室和国会就是这个国家的精神支柱和政治中枢。时代几经变迁，政海上下浮沉，但皇居和国会议事堂作为一个国家的象征永远傲然屹立着，风貌不改，沧桑依旧。

虽然日本早已步入了现代化发达国家行列，但是在政治上却依旧保持着传统的君主立宪制。天皇是名义上的国家元首，首相和国会则是这个国家的实际掌控者。在东京，天皇居住的日本皇居和国会所在地国会议事堂，如同日本的心脏命脉。它们都位于东京中心千代田区，这里也被称为"日本最尊贵的社区"。

皇宫周围有着宽阔的广场，前广场俗称皇宫外苑，垂柳婀娜，芳草如茵，这是东京市内绿地面积最集中的区域。一条护城河将面积不小的皇居城郭环抱中央，水清见底，岸边树影婆娑，水面上天鹅悠闲游弋，一派静谧祥和。皇宫正门前是最著名的桥上之桥——二重桥，几乎所有的游客都会在此合影留念。护城河与广场将皇室与草根阶层隔离的很彻底，除了东边的东御苑平日对公众开放，皇宫内苑是不许一般游客入内的，一年只有两次开放机会，平日只能凭栏远眺。

运气好的话，还能赶上皇储甚至天皇夫妇出巡，警察开道，场面壮观，但是他们都会和百姓挥手致意，十分亲民。在日本，天皇一家在民众之间很受尊敬。皇居不仅仅是天皇的私人居所，还是日本国家政治重地，历届首相任命，外国元首来访，都会在皇居举行仪式。皇居的安保工作做得极为周到，东

❀护城河环绕着的日本皇宫，显得十分静谧。

京如此绵密发达的地下铁路网，却没有一条穿越皇居地下。

　　相比之下，另一处国家命脉——国会所在地的国会议事堂，就少了几分高高在上、拒人千里的意味。国会议事堂是国家参众两院议员召开会议、日常办公、处理国家事务的地方。整幢楼是一座近代式样的白色建筑，有着尖尖的高顶，左右对称，呈规规矩矩的长方状。左面为众议院，右面是参议院。

　　比起皇居的大门紧闭，参观国会议事堂显然容易了许多。在此举行的普通国会会议，只要经过严格的审查便会被允许进入旁听。就算是有首相本人参加的高级别会议，若有议员做担保人，也可在旁听席谋个座位。不过进去之后还是要经过极为复杂的安检的。国会议事堂内绝对称得上"三步一岗，五步一哨"，到处都是严阵以待的警察，时刻准备应对各种突发状况。

　　时代几经变迁，政海上下浮沉，但皇居和国会议事堂作为一个国家的象征永远傲然屹立着，风貌不改，沧桑依旧。

❋位于皇宫正门前的、古朴庄严的二重桥是游人最为青睐的游览观光地之一。

东京的时尚地图

Harajuku Vitality of Life
原宿的活力人生

年轻人之街

如果说日本一直是亚洲时尚的风向标，那么原宿就是日本人的潮流标杆。无论你是不是时尚潮人，都不妨来原宿感受一下日本时尚的氛围，在淡淡的迷情香氛中，追忆起那个离我们有点远的青春少艾的梦幻。

❋原宿号称年轻人之街，在这里，浓郁强烈的时尚气息随处可见。

原宿是日本东京都涩谷区的一个地区，与涩谷的嘈杂和混乱相比，原宿是个可以怀着轻松的心情打发时间的地方。这里的气氛能激发人的思维灵感。当年格温·史蒂芬尼来日本旅行，被原宿青年人那自由表达、标榜个性的魅力所震撼，设计出了充满日本卡哇伊元素的"原宿情人"香水，超级可爱。

走出模仿英国乡村风格建造的火车站，你会发现原宿是这样一个能令人眼前一亮的地方。原宿的范围包括明治神宫、竹下

通、代代木公园、国立代代木竞技场，除了文化古迹便是人气热点。小小的地方聚集了很多时尚前卫的店铺和一群狂热追捧它们的年轻人，所以被看做是东京街头文化的代表之一。年轻人在这里有赶不完的时髦、搜不尽的个性、逛不完的时尚。如果说日本一直是亚洲时尚的风向标，那么原宿就是日本人的潮流标杆。

走在原宿，每一个行人、每一处小店都是日本流行文化的载体。小店销售的并不仅仅是货品本身，而是一个流行的概念。打扮前卫的年轻人在街头三三两两的聚集着，他们的穿着无论多么夸张都没有争议，这里本就是年轻人张扬个性的地方。每个人都可以根据自己的喜好穿出最具特色的衣装，来到街头接受行人评判的目光。比起涩谷，原宿的大街小巷因为这些奇装异服而显得艳丽多姿，这里的流行文化已经脱离了模仿阶段，向着原创文化大步迈进。尽管现在看上去还不够成熟，谁又知道不会走出未来的时装大师呢？

穿过一条永远人满为患的小径，便到了著名的竹下通。这是以潮流闻名的步行街，聚集了众多流行精品杂货店，从服装到饰品应有尽有，吸引着原宿一族和八方的游客。但那些奇装异服却不是人人都有勇气穿上身的。看着这样一身打扮的少年旁若无人的招摇过市，只能感叹，年轻真好！

✻ 夜晚的原宿街头更加魅力四射，闪烁的霓虹灯彰显着年轻人的活力与激情。

搜索地标：京都

京都·心灵的故乡

Heian Shrine

平安神宫的祈祷

千年帝都许我愿

对游人而言，平安神宫完美地将人文历史与自然景观结合在一起，是了解日本文化的珍贵遗产。在京都人自己的眼中，平安神宫俨然已成为新京都的象征，是京都人的精神支柱。它传递给人的是一种巨大的精神力量，既是抚慰，更是激励。

一个国家的古都总是承载了这个国家风雨飘摇的历史，京都正是这样一座有故事的城市。而平安神宫则像那个古老年代的一个小小缩影，凝结了帝王之都的厚厚尘埃。

1895年，距离当年迁都于此已经过去了1100个年头，如此漫长的岁月自然值得书写纪念，既是为了继承11个世纪以来丰富的文化遗产，也为了展现复兴京都的决心和信心，平安神宫拔地而起，成为连接过去与未来的一座新的丰碑。它仿照平安时代最早一座皇宫的样子缩小重建，弥漫着浓厚的古典宫廷气息。京都的第一位和最后一位天皇全都供奉在神宫中，供后人来祭拜。

平安时代，由中国传入的佛教在日本达到了繁盛时期，受到

❀平安神宫中忠实的信徒内心有着别样的平静与对世事的淡漠。

中国文化的影响，平安神宫的神殿呈现出佛教庙宇的特色，肃穆却不奢华，简朴中透着淡雅。宫殿采用了左右对称的建筑格局，神宫内的布局是对当年的皇宫进行了详尽考证后，严格依照原样而建的，真实地反映了那个时代的建筑风格。

神门"应天门"被涂成大红色，气势磅礴、先声夺人。参观者要先净手后方可入内，穿过应天门进入院内，正中间雄伟的"大极殿"便尽收眼底。柱子和屋檐都是朱红色，屋瓦却是淡绿色，红墙绿瓦在晴朗的天空下格外醒目。这是目前日本最大的拜殿，新时代京都的骄傲。左右的楼阁各称为"苍龙"和"白虎"，虎踞龙盘，展示着帝王家的气派与威严。站在7万平方米的广阔庭院中，仿佛眼前闪现出平安时代贵族的优雅风物。

感受了庄重的气息之后，后边的"神苑"则完全换了一副妩媚的面孔。这是一个约3万平方米的"池泉环游式庭园"，在全日本同类庭园中也称得上翘楚。潺潺的琵琶湖水被引入园内池中，游人可环绕池子欣赏园内别致的造型和四季的美景。"神苑"中绿树环绕，一年四季都有鲜花盛开，秋季红叶如火如荼。来京都的人都会慕名来欣赏神苑的美丽景致，这里已经是国家级的风景名胜地。每年10月，京都三大祭祀之一的"时代祭"都会在此举行，身穿古代和服的仪仗队驾着车马列队而行，真实再现了古都风采，令观者心生敬畏。

❀红墙绿瓦在晴朗的天空下格外醒目。而错落有序的阁楼建筑，更展示了帝王家的气派与庄严。

每个来到神宫的人都可以购买一块平安神宫的祈愿牌，写下自己心里的祝福和祈祷后挂在木架上。许愿架上的牌子挂的琳琅满目，语言五花八门，祈祷的内容也各不相同，但其中蕴含的那份真挚浓厚的爱心、单纯美好的期待却没有分别。

也许祝福很简单，但是我们的爱却绵延无尽。

挂一个小牌子在许愿架上，对着古老的神宫默默地念出心中的祈愿，只是一个小小的愿望，神明啊，你可否能听得见？

京都，心灵的故乡

Lake Biwa

琵琶湖的波澜

· 京都人的"生命之湖"

作为京都乃至整个日本的"生命之湖"，琵琶湖的水已经静静流淌了几百万年，它灌溉着大好的良辰美景，孕育了生命的繁荣兴旺，掀动起人们心里单纯清澈的微微波澜。

琵琶湖不仅仅因为形似琵琶而得名，听着湖水的潺潺流动，很容易会让人想起"大珠小珠落玉盘"的悠扬乐声。

琵琶湖位于京都东面的滋贺县，是日本最大、最著名的淡水湖，也是世界排名第三的古老湖泊。野州川等40多条河流的水，源源不断注入其中，为琵琶湖补给着旺盛的生命力，令湖水最深的地方可达103米。湖中散布着无数的岛屿，将辽阔的湖面点缀得更加美丽。湖水清澈纯净，孕育出了一套极为丰富的生态系统——鱼类、贝类、水草的种类纷繁多样，大量的淡水鱼在此繁殖，有"日本淡水鱼的宝库"之称。珍珠养殖业也极为发达，到了收获期，当真是大珠小珠落在那玉盘之上，清脆悦耳，光彩照人。

自古以来，琵琶湖便是日本重要的水上通道，在铁路开通之前，这里是日本东部与北方大陆物资运输的交通枢纽。繁荣的经济带动了文化的发展，琵琶湖成为日本较早的文明开化之地，留下了众多珍贵的历史遗迹。对京都人来说，琵琶湖更是不可或缺的生命的水源。京都市的生活用水以及灌溉、发电等工农业综合用水全部要依靠琵琶湖的供给。因此京都人亲切地把琵琶湖称为"生命之湖"。

每年的8月8日，琵琶湖畔都会举行一场盛大的焰火晚会。烟花被放置在湖中间的小岛上，虽然离岸边还很远，但是当点燃喷放的时候，巨大的轰鸣声直冲云霄，岸边围观的人都能感觉到大地在抖颤。

烟雨夕阳，凉风晓雾，新雪明月，春色深绿……如此诗意盎然的画面，描绘的正是琵琶湖著名的八大景观。琵琶湖的湖光山色秀美如画，令人流连忘返，沉浸其中。当年紫式部曾在琵琶湖边的石山寺中祈福，被眼前的美景激发了灵感，从而创造出传世之作——《源氏物语》。

千年以后，光源氏的故事依旧在琵琶湖旁的舞台上上演，每天都演绎着人生的离合悲欢。紫式部眼中的琵琶湖没有改变，这人，这故事，这景色，都已经化为日本历史与文化不可分割的一部分，永远拨动着人们心底的波澜。

✈ 搜索地标：京都

京都·心灵的故乡

Kyoto Gion
艺伎大本营

传统与现代间的穿梭

漫步在京都祇园的街头，总是能看到装扮整齐的艺伎匆匆而过，向那些透着昏黄灯光的木屋走去。她们传统的优雅气息与现代化的都市背景恰到好处的融为一体，十分自然。京都果然是一个在细节处将传统与现代结合的天衣无缝的城市。

盘着日本传统的发髻，妆容厚重，满脸粉黛，一双柳叶细眉，一对顾盼美目，一点猩红樱唇，如雕饰华美的人偶，虽是浓妆艳抹，却又在举手投足间透出从容与优雅。这样精致的美女抚琴在手，且歌且舞，又怎能不让你心旌摇动？

❈ 训练有素的艺伎于举手投足间无不显示着严格的职业风范。

作为传承至今的古老文化，日本的艺伎形象如今已家喻户晓，成为日本最具特色的文化象征之一。京都是日本艺伎文化发展历史上极为重要的一座里程碑，艺伎文化是以京都为中心，逐渐扩散到全国各地，京都的祇园更被称为艺伎大本营。

京都艺伎的起源要追溯到17世纪，江户时代京都著名的八坂神社附近有许多供旅人歇脚的"水茶屋"。除了点心和茶水之外，这里最吸引人的就是年轻的女服务生，她们表演的轻歌曼舞引得相当数量的客人驻足。老板自然也不会忽视这个吸引客人的好手段，开始组织旗下的茶汲女进行有计划的才艺培训，这便是艺伎文化的雏形。

就这样，普通的水茶屋变成了高级的料理亭，旧日的歌谣声渐行渐远，取而代之的是新时代的乐章。艺伎表演摇身一变，不再是水茶屋的附属，而是有了专门的培训中心和专业的艺者，耳濡目染的学习优雅身段、化妆技巧、茶道花道、优美舞蹈、端庄礼仪。一把三味线被纤纤玉手拨弄得出神入化。水茶屋有表演需要时特意请艺伎们来，举手投足间已有了职业风

范，客人看得更加如醉如痴，商人赚得盆满钵满，小小的屋子里蓬荜生辉。在艺伎风光一时的年代里，京都作为大本营曾经艺馆林立，从艺人员多达几万人，京都的花街游赏成为极为风雅之事，文人墨客趋之若鹜，可谓"五陵年少争缠头"。即使是艺伎行业遭到冲击的今时今日，那些训练有素的艺伎也从未低下过高傲的头。她们始终对自己的行业充满信心，用行动时刻提醒着世人：艺伎是京都的象征，是京都和日本的"脸面"，对于这项传统的古老文化必须加以保护和发扬。

在京都最繁华的花街——祇园，每到夜幕微垂，华灯初上，便迎来了一天中最绚烂、最热闹的时刻。那些有着传统气息的木质小屋纷纷亮起迎客的灯火，低垂的竹帘后传来酒客的谈笑声，艺伎的服务从这里开始了。身处现代都市的艺伎们依旧严格保持着业内古典的传统风格，她们身着和服，讲一口柔柔的京都方言，谈吐大方，举止得体，礼数周全，多才多艺。

漫步在祇园街头，总是能看到装扮整齐的艺伎匆匆而过，向那些透着昏黄灯光的木屋走去。她们传统的优雅气息与现代化的都市背景恰到好处的融为一体，十分自然。京都果然是一个在细节处将传统与现代结合的天衣无缝的城市。

❀日本艺伎的工作场所——祇园木质小屋。

搜索地标：京都

京都，心灵的故乡

Temples and Gardens in Kyoto
京都的寺庙与庭院

· 都市里的暮鼓晨钟

作为日本的千年古都，京都曾经是日本政治经济和文化的中心，佛教文化给这个城市留下了根深蒂固的影响，在这里留下了数不胜数的寺庙建筑及禅宗庭院，各具特色，与城市浑然一体，如一颗颗璀璨的明珠，在京都的土地上熠熠发光。

身为日本的千年古都，京都曾经是日本政治、文化和宗教的中心，佛教的影响根深蒂固，在京都留下了许多古老的寺庙建筑及禅宗庭院，如今都已经成为珍贵的文化遗产。京都是个很注意保护传统的城市，为了保持城市里原有的风景与气氛，并没有建筑很多的现代化高楼，原有的古朴风貌才得以保存。

京都的城市布局仿照中国唐朝时的长安，呈棋盘状分布，中规中矩。人们行走在京都古风淳朴的街道上，所见的都是寺庙，有

❋在京都，佛教的影响根深蒂固，古老而雅致的寺庙禅院数不胜数。

"三步一寺庙，七步一神社"之称。城内至今保存着千余座古刹及众多的历史遗迹。寺庙建筑是京都古代遗产的支柱，1994年登录为世界文化遗产的17处古迹全都是寺庙及神社，可见宗教对这个城市的影响。

无论在任何一份京都游览名单上，金阁寺都列于寺庙的首位，它是京都最负盛名的庙宇。外观精致秀美，坐落在水边，以金光闪闪的外表和水中姣美的倒影为世人喜爱。寺旁是典雅传统的日式庭院，一池碧水涓涓盈流，庭院中有各式各样不同的造景，登龙门、鲤鱼石、白蛇冢……在中国人听来都极为熟悉。这也是京都寺庙和庭院的建筑风格之一。因中国唐朝文化对当时日本的影响极大，许多文明都是一衣带水，息息相通，大部分风格、样式、传说都来源于中华传统文明。

清水寺是京都最古老的寺庙之一，依山而建，坐落在半山腰，环境清幽雅致，宛如京都的风物志一般，清水寺的一草一木、一景一色，将京都的古都风采表露无遗。春之樱、夏之水、秋之叶、冬之雪，四季赋予它自然的灵气，仿佛是为了诠释京都的存在一般，给人以深深的心灵震撼。佛教古老的禅宗之意，在登顶的这一刻与自己的思想融会贯通。禅的思想及禅宗形式在日本文化中占有很大的比重。京都龙安寺的庭院便是一处典型的禅宗花园，一片开阔的白沙地，四周盘踞着15块大小不等的岩石，再无绚烂的装饰，一切都是返璞归真，为禅宗文化写下了一个简单朴素的注脚。欣赏这样景致的最好方法就是静静地坐着，任思绪随意遨游，深深地体会禅宗文化的深远淡泊、宁静祥和。

除了著名的文化遗产之外，京都还有许多大大小小的寺庙，分布在民宅间、大街上、小巷里，随时的一个不经意就会出现在你面前，每一座寺庙庭院都有自己独特的建筑之美、园林之美和造型之美。想要认识京都的寺庙文化，便不能只是着眼于那些名刹，而是要放眼整个城市的整体环境。京都的环境也是它的宝贵之处，经过多少年来仍是古色古香，与古刹名寺相依相伴，融合无间，衬托出京都清幽风雅的高贵气质。

穿行在这个古老的都市里，耳边回荡着暮鼓晨钟之声，思绪也随着穿越了千年。所有的悸动在那一刻都悄无声息，不想再去追求什么虚无缥缈的东西，只想这么静静地一直走下去。

❀ 清水寺坐落于半山腰，环境清幽雅致，其一草一木将京都的古都风采表露无遗。

✈ 搜索地标：大阪

大阪，水之都

O sakajo
丰臣秀吉的大阪城

·盛世春秋

正是丰臣秀吉的野心，成就了这座日本历史上前所未有的城。宏伟的规模与华丽的装饰无一不在彰显着丰臣秀吉独有的辉煌。大阪城恢宏的灯火让大阪的夜空不再沉寂，那是曾经燃亮了一个时代的希望之光。

❀丰臣秀吉的大阪城由一条玉带般的护城河包围着，河边奇花异草、诗情画意。

身形矮小、貌不惊人，这个形象让人很难与雄霸一方的统治者联系起来，然而他却用自己的力量改变了日本的历史。大英雄，还是侵略者？这就是丰臣秀吉，一个难以定论的历史名人。我们无法准确定夺他的功过，但是我们必须感谢他给我们留下了一座大阪城。

1583年，丰臣秀吉的势力在日本如日中天，建设新国家的宏大愿望如一把烈火在他的胸中熊熊燃烧着，他迫切需要做点什么来巩固自己现有的势力，并逐步建立一个强大的新日本中心。他要盖一座空前绝后、豪华壮丽的城，增强日本在世界上的竞争力，让全天下所有的人都为之惊叹。对于一个带着野心的军事家而言，大阪是一个再合适不过的建城之地，它一面临海，左右环山，直通京都，连接了四国与九州的海路通道，不但适合建设全新的文化，更便于统治者号令天下。于是，大阪城开始动工了。

一向自诩织田信长接班人的丰臣秀吉，仿照当年织田信长的安土城规划着大阪城，只不过青出于蓝，更加气势磅礴。他一次次改动着大阪城的图纸，将城的规模扩得越来越大，在日本历史上独一无二。6万名工人不分昼夜地辛勤劳作，上千艘船只将大量石料从大阪各地源源不断地运到工事现场。昔日的荒原不见了，一座前所未有的豪华城堡终于在大阪拔地而起。

大阪城的外观5层，内部8层，被一条玉带般的护城河包围着，河边奇花异草、诗情画意。城门全部由巨石砌成，固若金汤，石块的体积堪比埃及金字塔。主体建筑天守阁就巍然屹立在城的正中央，外墙雪白，飞檐青翠，檐端镶铜镀金，典雅又不失华美。登上顶层便可以放眼远眺大阪城的美景。

天守阁内的装饰极为奢华，无一不彰显着丰臣秀吉昔日的辉煌，楼层中还保存着丰臣秀吉的木像，使用过的武器、绘画，书简等，浓缩了这位枭雄不平凡的人的一生，在这个特定的环境里，我们似乎能更深刻地感受到他的伟大之处，抚今追昔，敬佩他的勇气和魄力的同时，却也不免感叹命运的跌宕。

站在天守阁的面前，心中不免有点小小的遗憾，因为我们现在看到的大阪城，其实是1931年仿照原址重建而成。历史上丰臣秀吉的大阪城，早已在战火中化为了废墟。石壁上残存的焦黑印记，提醒着我们当年德川与丰臣两派势力交战时的惨烈情景。

丰臣秀吉的时代结束了。但他确实曾经到达过前人无法企及的高度。统治者的更迭在战乱时代的日本如同走马灯般纷乱，但是巍巍大阪城却永远屹立在人们心里。无论过去多少年，人们都会记得夜空中大阪城头绚烂的灯火，那是燃亮了一个时代的希望之光。

❀远远望去，大阪城的主体建筑天守阁首先映入人的眼帘，白墙青檐庄严而典雅。

大阪，水之都

Nakanoshima

中之岛

摩天大楼中的绿洲

中之岛是大阪极为重要的行政经济文化中心区域，它的地理位置巧夺天工，是一片身处闹市的水中绿洲，被两条大河夹裹其中。正是因为这独特的构造，超然的地位，才让它成为有故事的地方。

作为大阪市行政经济文化的中心，中之岛的重要地位不言而喻。然而更吸引人的却是它独特的地理位置，是一片身处闹市的水中绿洲，被自东向西流经大阪市中部的堂岛川和土佐堀川夹裹其中，东西长约3千米，面积虽不大，却是"水之都"大阪的城市象征。

中之岛上的建筑设施功能极为齐备，市政大楼、银行、报社

❋ 中之岛是一片水中绿洲，是大阪市的政治经济文化中心，是"水之都"大阪的城市象征。

等重要机关全部集中于此，中之岛公园、国立国际美术馆、大阪图书馆、工会堂等文化设施也在中之岛上扎根。这块水中绿洲，以方寸之地，承载起了整个大阪的政治、经济、文化命脉。

中之岛公园诞生于1891年，是大阪最早落成的公园，这座水上公园充分体现了大阪的水都特色。公园内绿草如茵，林木茂盛，所有的小路两边都是葱葱郁郁的绿色，让人心旷神怡，是摩天大楼林立的都市里一片难得的绿洲。公园内还有洋溢着欧洲风情的大型玫瑰园，每年的5月和10月中旬会迎来盛大的赏花期，几千株玫瑰激情绽放，玫瑰园里五彩缤纷，争奇斗艳，如同置身于童话中一望无际的花海，上演着王子与公主的浪漫故事。

大阪市中央公会堂与大阪府立中之岛图书馆并排矗立在中之岛东端，它们是已经有百年历史的西洋风格建筑。夜晚，装饰照射灯为这些建筑勾勒出了秀美的线条，在灯光的辉映下，中之岛的夜色别有情趣。

无论是就餐、购物，还是散步、看电影、逛美术馆，来到大阪的人都离不开中之岛。如果不是亲眼所见，很难想象这片狭长的水域竟然包揽了大阪几乎所有的城市功能，这种"城市绿洲"的形式在别的地方很难见到，中之岛算是开了特例，令人耳目一新。每天都有无数的人涌向这片小小绿洲，或工作或观光，中之岛人流熙来攘往，热闹非凡。只有在夜晚，这里才能迎来些许的宁静，人们离开了小岛，回到家中，中之岛的灯光璀璨却有些落寞的亮着，两边的河川缓缓流淌，等待下一个动与静的轮回。

❈ 繁花满枝的樱花树，为大阪城增添了别样一种风味。

神户，西海正门

Akashi Kaikyo Bridge

明石海峡大桥

世界上最长的吊桥

明石海峡大桥的落成让日本人实现了"将4个大岛连为一体"的夙愿，也创造了世界桥梁建筑史的一个新高度、一座不朽的里程碑。

明石海峡大桥是连接日本神户和淡路岛之间的跨海公路大桥，加上本州与四国间原有的一系列桥梁，日本人终于实现了"将4个大岛连为一体"的夙愿。四通八达的水路系统如一张绵密的大网，将这个岛国紧密连接在一起，日本的内陆工业也由此得到了飞速发展。

明石海峡大桥耗时10年之久，耗资40亿美元，创造了本世纪世界桥梁史上的一个个崭新纪录——世界上最长的吊桥、跨度最大的悬索桥，同时也是第一座用顶推法施工的跨谷斜拉桥。

明石海峡大桥全长3911千米，高达298米，桥塔堪比埃菲尔铁塔，比日本第一高楼还要挺拔，且抗震性极强。白天，淡蓝色的桥身映衬着碧蓝色的大海，水天一色，闪烁出梦幻般的迷离色彩。夜晚，近2000只彩灯以28种照明组合变幻，将明石海峡大桥点缀得灯火通明、流光溢彩，极为壮观。无论是从海岸附近的餐厅远眺它雄伟瑰丽的身姿，悠闲的小憩；还是漫步在步道上近观大桥的复杂结构，感受微风习习，都是极为惬意的享受。

❋ 明石海峡大桥具有超强的抗震性。1995年破坏性极强的阪神大地震中，距离震中只有4千米、尚在建造中的大桥却只发生了轻微的位移。

Rokkosan

神户，西海正门

牧野飞歌·

六甲山牧场

作 为日本有名的休闲胜地，六甲山以美丽的动植物、迷人的夜景、人与自然的亲密接触而著称。在这里，每个人都可以轻松地回归自然，用心去感受自然的美好。

六 甲山牧场位于神户的东北郊，是一片仿效瑞士的山区酪农牧场修建的高原观光牧场，幅员辽阔。雄伟的六甲山满山苍翠，绿荫环绕，将神户环抱其中。蓝天白云接壤着一片片碧绿的草原，一年四季都有花卉盛开，将草原点缀得五颜六色，如一片绿色毡毯上的点点宝石。

作为日本有名的休闲胜地，六甲山以美丽的动植物、迷人的夜景、人与自然的亲密接触而著称，形形色色的小动物自然是牧场的主导。这里随处可见在草原上晒着太阳、悠闲漫步的绵羊、乳牛和小马。围栏的高度很低，动物们平时在圈里埋头吃草，饱餐之后便生龙活虎起来，跃出栏杆跑到游人身边，引得众人驻足。动物们也极为温顺，任由行人好奇地依偎抚摸。软软的毛摸上去极为温暖，在和煦的阳光下，嗅着青草的芳香，整个心也温暖起来。

✈ 搜索地标：神户

神户，西海正门

Arima Onsen

有马温泉

关西的内宅客厅

作为日本最著名的三大温泉之一，有马温泉的雾气氤氲中透着几分优雅的味道，沉静温馨的格调展现了神户别样的迷人风采，想要了解神户，认清日本，你又怎么能错过这温暖的诱惑？

有马温泉位于兵库县神户市北区有马町，历史悠久，素有"神户之腹地"之称。

从神户驱车40分钟，便可以赶到有马镇，小镇上集中了各色的温泉旅馆，既有简朴的木屋，也有设备豪华的度假村。关西人把这里叫做"关西的内宅客厅"，大有将其归入自家的意思，透着那么一股子浓厚的自豪感。

有马温泉的由来与日本历史上一段古老的神话紧密相关。相传两位天神巡游至有马镇时，发现三只受伤的乌鸦在一处水洼中洗浴，伤口竟然不治而愈——原来这个小水洼竟然是神奇的温泉。有马温泉扬名天下后，这三只指引了神明的乌鸦被允许永久

❀ 极富神话色彩的来历，为有马温泉蒙上了一层神秘面纱。

在有马居住，并被称为"有马三乌鸦"。

其实有马温泉是8世纪佛教僧人建造的疗养设施，是日本最古老的度假胜地之一，公元631年因天皇的驾幸和喜爱而闻名。上至天皇、大臣、王公贵族，下到民间的文人墨客、得道高僧，都喜欢来有马温泉入浴，就连大名鼎鼎的丰臣秀吉也是有马温泉的忠实拥护者。

有马的温泉富含矿物质，带有一定的医效，对身体大有裨益，且色彩纷呈。按照颜色的差异，可分为"金泉"和"银泉"。金泉泉水中含有铁盐泉，呈铁锈红色，水温90度以上；银泉含有碳酸泉河放射能泉，泉水无色透明，水质清澈，水温在50度左右。两种温泉水交替入浴，效果更佳。

泡完温泉之后，不妨再打量一下有马小镇。冬暖夏凉的温和气候让人在离开温泉之后，又得到了另一种舒适的体验。春季樱花烂漫，秋季红叶满山，素雅的木屋、庙宇和片片温泉散落在美丽的景色之中。树叶随风沙沙作响，偶尔夹杂着风铃的灵动轻扬，真是一个休养生息、放松心情的好地方。

❋ 温泉弥漫的雾气中浸润了神话传说的优雅味道，沉静温馨的格调展现了神户别样的迷人风采。

国家地理

National Geography Collections

全彩版超值精选 **19.8** 元

第一辑 ➤➤ **2008年** 中宣部、中央文明办、新闻出版总署 **全民阅读活动推荐书目** 新闻出版总署向全国青少年推荐优秀图书 **全国优秀畅销书**

失落的文明

世界100自然奇景

地球之谜

地球之最

全球最美的100个地方

中国最美的100个地方

环球国家地理精华

世界文化与自然遗产精华

中国国家地理精华

世界100文明奇迹

第二辑

全球最美的100度假天堂

全球最美的100魅力古城

中国最美的100风情小镇

亚洲·大洋洲 环球国家地理

欧洲 环球国家地理

非洲·美洲·两极 环球国家地理

中南·西南 中国国家地理

华北·华东 中国国家地理

东北·西北·港澳台 中国国家地理

第三辑

第四辑

全球最美的地方精华特辑

走遍日本

- 出版策划: 孙亚飞
- 责任编辑: 赵晓星
- 特邀审校: 傅马利
- 文图编辑: 高霁月　邵鹤丽
- 文稿撰写: 李晶晶
- 封面设计: 夏　鹏
- 版式设计: 阮剑锋
- 美术编辑: 张鹤飞
- 图片提供: 华盖创意图像技术有限公司

　　　　　达志影像

　　　　　IMAGINECHINA